Simone Böttcher

KAHI-SI & die Herz-Heil-Energie

Das Universum kennt kein Timing

© 2018 Simone Böttcher

Verlag und Druck: tredition GmbH, Hamburg
Umschlaggestaltung, Illustration: shutterstock/1205123

ISBN
Paperback: 978-3-7469-1620-0
Hardcover: 978-3-7469-1621-7
e-Book: 978-3-7469-1622-4

Bibliografische Information der Deutschen Nationalbibliothek: Die Deutsche Nationalbibliothek verzeichnet diese Publikation in der Deutschen Nationalbibliografie; detaillierte bibliografische Daten sind im Internet über http://dnb.d-nb.de abrufbar.

www.tredition.de

In diesem Buch wird eine komplementäre Methode vorgestellt, die von jedem Leser nach einer Ausbildung eigenverantwortlich und auf eigene Gefahr angewandt werden kann. Sollten Beschwerden jeglicher Art auftauchen oder eine medizinische Diagnose benötigen werden, wenden Sie sich bitte an einen Arzt oder einen Heilpraktiker Ihres Vertrauens.

www.tredition.de

Für meinen Mann Axel Kittlaus-Böttcher
und all diejenigen Menschen in dieser und schon hinübergegan-
genen Welt, die mich dazu inspiriert, animiert und unterstützt
haben.

Inhalt

Vorbemerkung

Eines der größten Organe, die der Mensch besitzt ist die Haut, auch wenn das vielen nicht bewusst ist, da immer vermutete wird, Organe befinden sich nur innerhalb des Menschen, aber Nein, so ist es zum Glück nicht. Dieses Organ ist sichtbar, in vielen Variationen und Farben. Komm, berühre deine Haut, spüre sie, und frage dich, was du fühlst in den verschiedenen Bereichen, wo du gerade mit deinen Fingern langgleitest. Ist es vielleicht an manchen Stellen wärmer oder kühler? Spüre die einzelnen kleinen Wölbungen, wenn es welche gibt, spüre die Knochen darunter, spüre die Stellen, die dir Gänsehaut bereiten. Natürlich ist es viel schöner, von jemand anderen auf der Haut berührt zu werden. Die meisten beachten das Organ Haut viel zu wenig. Nun lasse deinen Träumen ihren Lauf und genieße was alles möglich ist mit dir und deiner Haut. Vielleicht spürst du schon alleine nur beim Lesen hier in deiner Vorstellung, dass sich hier und da was regt auf der Haut. Spüre es genau und lasse dich in das Gefühl hineinfallen.

Wir kommen fühlend in diese Welt und gehen auch fühlend wieder dahin, wo wir hergekommen sind. Innerhalb des Lebens haben viele Menschen aus den verschiedensten Gründen das Fühlen verlernt, vernachlässigt oder verdrängt. Aber meine Erfahrung zeigt das Fühlen so wichtig ist für das eigene Seelenheil und so guttut. Dann gibt es da mittlerweile die anderen Menschen, die so sehr fühlen, dass es für sie sehr anstrengend bis scherzhaft sein kann. Wo ist das gesunde Maß des Fühlens? Das darf jeder Mensch wohl selbst herausfinden und fühlen. Das

Fühlen als Sinn, ist für den Menschen sehr wichtig und individuell.

Heute gibt es sehr viele Methoden, in denen es um die Körperarbeit geht und auch im energetischen Bereich sind keine Grenzen gesetzt, das passende für sich zu finden, z.B. um sich etwas Gutes zu tun oder auch um sich weiterzuentwickeln.

Bei dieser hier vorgestellten „KAHI-SI" Methode geht es vielmehr um das Tun und Sein. Bei dieser einfachen, wirkungsvollen und unterstützenden Methode, kann der Energiefluss im Körper wieder angeregt oder verbessert werden. Egal welche Energie-Methode einen in der Welt da draußen anzieht, sie entspricht heute oft nicht mehr dem ursprünglichen Wissen, da der Mensch und die Welt sich laufend weiterentwickelt. Es gibt keinen Stillstand.

„Die einzige Konstante im Leben ist die Veränderung"

Das gilt auch für diese beschriebene Methode hier im Buch. Nichts kommt ohne Grund in die Welt und fällt einem wie ein „Zufall" vor die geistigen Füße. Es geht dann darum, dieses zu erkennen und etwas damit anzufangen. So habe auch ich es getan. Die KAHI-SI & Herz-Heil-Energie-Methode ist mir vor die geistigen Füße gefallen. Ich habe mich gewundert, sie aufgehoben und mich damit beschäftigt. Sie ist durch meine unsichtbare Leitung zur Geistigen Welt nach oben langsam gewachsen und hat sich entwickelt, und wird es auch noch weiter tun, da bin ich mir sicher. Zuvor möchte ich klarstellen, dass es für diese Methode nicht relevant ist, wer, woher, warum, etwas wichtig ist oder wo der wirkliche Ursprung ist, solange die Methode wirkt, und das tut sie. Trotz allem werde ich meine Geschichte dazu erzählen, weil ich mir selbst 1000 x diese Fragen dazu gestellt habe. Ich habe geforscht und einige Ähnlichkeiten zu anderen Methoden gefunden, aber eben nur Ähnlichkeiten. Diese Methode ist zu mir runtergerutscht aus dem großen Universum und das ohne Gebrauchsanleitung. So forschte ich, um Antworten zu finden, die meinen Verstand beruhigen können und mir verstehen helfen. Aber vielleicht steckt es eben noch in den Kinderschuhen und es wird sich noch weiterentwickeln, aber das tut es eben nur, wenn ich endlich anfange es zu leben, zu lehren, zu fühlen, zu experimentieren, um es immer besser verstehen zu können. Die Erfahrungen mit Anderen macht die KAHI-SI & Herz-Heil-Energie Methode dann zu dem, was sie jetzt ist und sein wird.

Finde es selbst heraus, mach mit und teile die Erfahrungen mit uns, das macht es so schön spannend für alle Wissbegierigen. Geben wir gemeinsam dieser KAHI-SI & Herz-Heil-Energie Methode die Chance durch alle Anwender zu wachsen und sich zu entwickeln.
Ein Diamant kommt auch nicht fertig geschliffen aus dem Berg.

Wenn du dieses Buch hier liest, wirst du feststellen, dass ich die männliche Anrede benutze. Ich hoffe das verstehen auch die weiblichen Leser, da es sich so einfacher schreiben lässt.

„Können nur besondere Menschen besondere Heilenergien channeln?"

Da waren sie die Fragen: „*Warum passiert mir das?*", „*Was soll ich damit anfangen?*", „*Ich bin doch nur eine kleine Lichtbringerin?*" usw.

Die Zweifel stiegen in mir auf, mein eigener Selbstwert wurde von mir sofort in Frage gestellt. Das kann ja nicht wahr sein, warum auch? Da drückt man die eigenen Knöpfe schon mal selbst und prompt kommen weitere alte Glaubensmuster ans Tageslicht und schreien eben mal „*HALLO, hier bin ich*". Dann wollen sie auch noch gefühlt und gesehen werden, vom Bearbeiten mal ganz abgesehen. Na klasse dachte ich, das kann ja heiter werden, „*Ich bin doch nichts Besonderes.*"
Dann fragte ich mich: „Muss man jemand Besonderes sein, um es verdient zu haben etwas Besonderes zu bekommen, woher auch immer?"

NEIN, das muss man nicht, war meine eigene Antwort, die aus der hinterste Ecke in mir zu hören war. Jedes Wesen, was hier auf der Erde wandelt ist einzigartig und wunderbar und macht sich ganz von selbst zu jemanden Besonderen und so beruhigte ich mich selbst, nachdem ich darüber nachdachte, kam ich zu dem Schluss: „*Ich bin, die ich bin.*"
Ich habe mittlerweile gelernt das zu machen, was ich machen möchte und dieses mit so viel Freude im Herzen und aus innerer Berufung heraus. Ich mache das Beste aus meinem Leben, was geht. Ich motiviere mich selbst und andere so gut wie ich es kann.

Jeder darf so sein, wie er ist, um das zu tun, was er will und PUNKT.

Ich liebe meine Seelen-Arbeit, weil ich für mich weiß, was sie in meinem Leben mit mir gemacht hat, ob nun bewusst oder auch unbewusst. Ich liebe die daraus gewonnene eigene Wahrheit, die für mich stimmig ist. So lerne ich mehr und mehr meiner Intuition zu trauen. Zum Glück hört das Lernen nie auf. Auch wenn ich das früher in der Schulzeit manchmal anders gesehen habe. Heute lerne ich, weil es mir Spaß macht und ich selbst entscheiden kann, was ich lernen möchte, und nicht jemand anderes sagt, was ich zu lernen habe, weil derjenige der Meinung ist, dass das Lebenswichtig ist, abgesehen von Lesen, Schreiben und Rechnen natürlich, und einigen Dingen die das Leben heute erleichtern. Andere Menschen leben ihre eigene Wahrheit, dass macht keinen schlechter oder besser. Es ist wie es ist – Ich bin wie ich bin – Du bist wie du bist.

So arbeite ich schon viele Jahre z.B. mit Reiki, Rückführungen, Intuitiven Aufstellungen, Entspannungsmethoden und intuitiven Wahrnehmen.
Dies ließ mich erkennen, je mehr ich mich auf meine Intuition einlasse und damit arbeite, umso besser kann ich auch meine innerlichen Antennen ausrichten. Die Verbindungen und meine innerlichen Antennen zur Geistigen Welt lassen sich sehr gut hier auf das Erden-Leben und viele Lebensbereiche anwenden. Vielleicht hat das meinem Geistführer, meinem Schutzengel oder wer auch immer in der Geistigen Welt für mich zuständig ist, ausgereicht mir diese „Heilenergie" zukommen zu lassen, sie mir vor meine geistigen Füße zu werfen, damit ich ja darüber stolpere, um sie zu erkennen.

Was ist KAHI-SI & die Herz-Heil-Energie

Am Anfang ging es erst einmal nur um die „Herz-Heil-Energie", die sich als erste zeigte und sich vor meinen geistigen Füßen legte, ich nehme sie mittlerweile als etwas Wunderbares in meinem Leben an. Das einzige, was die Geistige Welt vergessen hatte, den Namen für das „Produkt" mitzusenden, was sie mir da vor die Füße legten, geschweige von einer Gebrauchsanweisung, warum auch? Sie wird schon was draus machen, dachten sie sich in der Geistigen Welt. Lass sie mal arbeiten, sie wird es herausfinden, sie ist doch intuitiv.

Aber blicken wir in die Vergangenheit, entdecken wir, dass erst eine Idee da ist und dann der passende Name dazu gefunden wird. So ist es auch bei vielen heutigen Methoden, die überall zu finden sind. Manche Methoden ähneln sich und jede hat ihren eigenen Namen. So wird auch jeder seine Methode finden oder sich von ihr angezogen fühlen, die er z.B. gerade braucht oder auch nur für etwas Bestimmtes nutzen möchte. Jeder hat seine eigenen Gründe, warum er gerade diese bestimmte Methode lernt oder lehrt. Es entwickelt sich eben alles immer weiter, so auch das Wissen zu vielen Körper, Geist und Seelen-Methoden. Warum auch nicht!

Aber beginnen wir mit der Geschichte und dem was vor meinen geistigen Füßen landete. Es bestand aus zwei, nennen wir es Übermittlungs-Schritten, in einem Zeitraum von zehn Tagen. Januar 2015 waren mein Mann Axel und ich auf unserer Silberhochzeitsreise in Ägypten. Zu diesem Zeitpunkt habe ich viele Bücher mit den Themen Channeling und Kontakte zur Geistigen Welt verschlungen. Da ich meine Arbeit sehr intuitiv einsetze und meine unsichtbaren Antennen gut ausrichten kann, um Dinge wahrzunehmen, reagiere ich auf Impuls-Eingebungen und Bilder, hinter meinem geistigen Auge, sehr gut. So war ich völlig entspannt im Urlaub und las, und las und ich bekam innerlich die Bilder und eine Idee zu einer Herz-Übung. Ich wusste nicht woher sie kam, denn genau über so etwas war nichts in dem Buch zu lesen. Sie war auf einmal in meinem Kopf, völlig unabhängig von allem, was gerade äußerlich auf mich einwirkte. So hatte ich die Bilder und sie fügten sich immer mehr zusammen. Ich wollte es ausprobieren, auch wenn ich nicht wusste wozu sie gut sein sollte. Ich erzählte meinem Mann von dieser Idee, die sich in meinem Kopf tummelte und fragte ihn, ob er mit mir diese Übung ausprobieren würde. Er willigte ein und ich sagte ihm, das ich nicht wüsste, was sie auslöst oder wofür sie ist.

Da standen wir nun in unserem Hotelzimmer, stellten uns gegenüber und ich legte meine Handinnenflächen in seine Handinnenflächen. Er brauchte nichts zu tun. Ich arbeitete dann mental, in dem ich für uns einen Lichtkanal aufbaute und die Geistige Welt, wie unsere Schutzengel und Geistführer in unsere Mitte einlud. Ich ließ einfach geschehen, was geschehen sollte, ohne irgendeine Absicht oder etwas zu Wollen. Danach legte ich seine Hände zusammen und umschloss sie mit einer meiner Hände und brachte sie in Herzhöhe, die andere Hand legte ich auf sein Herz. Hier ließ ich einfach nur geschehen, was geschehen sollte.

Wir wiederholten im Urlaub diese Übung einige Male. Bei meinem Mann löste diese Übung einen sehr emotionalen Schub aus. Er spürte intensiv seine Herzensgefühle, stand laufend im großen Tränenmeer ohne zu verstehen, warum ihm das gerade, und vor allem, ohne ersichtlichen Grund passierte. Ich empfand die Übung ebenso hoch emotional und tiefgreifend. Als Partnerübung innerhalb der gelebten tiefen Partnerschaft ist es etwas sehr Einfühlsames, Liebevolles und Verbindendes. So war der Urlaub auch zu Ende gegangen mit wundervollen Erlebnissen.

Am 13. Januar, wir waren gerade zwei Tage wieder zuhause und der Alltag hatte einen wieder, bekam ich auf einmal ziemliche Kopfschmerzen am Hinterkopf, an der Stelle wo die Medulla Oblongata ihren Sitz hat. Da ich diesen Schmerz in den letzten Jahren ab und zu mal verspürte und ich wusste, dass diese Stelle auch „Tor der Erinnerung" oder „Tor des Wissens" genannt wird, versuchte ich es mental erst einmal zu öffnen. Dazu stelle ich mir immer vor, wie ich eine Jalousie einfach hochziehe, damit altes Wissen hineinfließen kann. Meistens reicht es auch aus. Aber diesmal wollte es nicht so recht gelingen. Da mein Mann ebenso über Heiler-Wissen verfügt und Techniken beherrscht, versuchte er durch eine Technik, dieses „Tor" aufzumachen. Er stand also hinter mir und gab mir die Unterstützung das „Tor" zu öffnen. Die Erfahrungen zeigen, dass diese Technik sehr gut dabei hilft, das, was wieder fließen will auch durchzulassen. So ließ ich es geschehen und hatte dabei auf einmal wieder diesen Impuls und Bilder in meinem Kopf. Ich dachte noch, na klar, was sollen diese Bilder den hier auf einmal, bis dieser Impuls mich regelrecht darauf drängte diese Bilder umzusetzen. So sagte ich meinem Mann, als er fast fertig war, er möge doch bitte einfach mal eine bestimmte Handposition an meiner Halswirbelsäule einnehmen. Als er das tat, schloss ich meine Augen und versuchte zu spüren, was ich innerlich wahrnehmen konnte. Ich spürte, ich fühlte, ich sah Bilder, ich fühlte intensiver, mehr und mehr. Es zog mir fast die Socken aus und ich vernahm dann fast wörtlich in meinem Kopf, dass es genug sei. Ich sagte meinem Mann, dass er die Hände wieder wegnehmen kann. Ich öffnete die Augen und war überwältigt, von dem was ich spürte. Meine Kopfschmerzen waren weg, aber das Gefühl in mir war einfach wunderbar. Ich tauschte mit meinem Mann die Erfahrungen aus, die jeder gerade für sich machte. Wir beide wussten nicht wirklich, was da gerade passierte, aber in einem waren wir uns sicher, irgendwas lief da gerade ab, aber was?

Ich hatte eine Idee, na klar, wieder ein Impuls, das hörte irgendwie gerade nicht auf. Ich hatte das Gefühl, mein „Tor" war so offen und alles kam auf einmal hereinspaziert. Eine Flut von Bildern die erst einmal zu begreifen sind, ist schon eine Kunst für sich, wenn Gedanken fast schneller als der Schall sind. Ich werfe dann ein Netz aus, die richtigen Gedanken werden schon hängen bleiben. Ich glaube, ich bin zum Gedankenangler geworden, hört sich gut an, mach ich weiter. Zurück zum Geschehen. Ich ordnete, fügte zusammen, was passte und sich stimmig anfühlte. Besprach es mit meinem Mann und dachten, was haben wir zu verlieren? Nichts, wir können nur gewinnen.

So fügte ich die „Herz-Übung", die wir im Urlaub öfters durchführten, mit dem, was wir gerade taten zusammen. Mein Mann musste dafür herhalten, Versuchskaninchen sein und was soll ich sagen, es war überraschend, tiefgreifend und im ganzen Körper spürbar. Jetzt waren da hunderte von Fragezeichen in meinem Kopf.

Ok, was soll das jetzt bedeuten, rief ich laut in meinen Gedanken. In der Hoffnung auch eine Antwort aus der Geistigen Welt zu bekommen, oder wer auch immer dort gerade am Drücker sitzt. Vielleicht war die Antwort ja schon irgendwo in meinem Gedankenanglernetz und ich fand die Antwort nur nicht. Das Gefühl in mir hielt an. Ich versuchte mich, von meinen Kopfschmerzen befreit, dem Alltäglichen wieder zu widmen. Als ich dann abends zur Ruhe kam, waren die Gefühle immer noch in meinem Körper zu verspüren. Ich wollte Antworten, so nahm ich mir mein Tablett und versuchte so viel wie möglich mit irgendwelchen Keywords im weltweiten Netz und Datenuniversum zu finden. So im Suchmodus über gefühlte Stunden und keinen befriedigenden Ergebnissen, dachte ich mir, lass es einfach los, es bringt nichts, wer weiß, was das alles war, vielleicht doch nur eingebildet. Ich beruhigte mein EGO, dass ich jetzt keine Antworten finden werde. So musste ich mich damit zufriedengeben. Die Tage danach vergingen, aber die Gedankenangel war heimlich noch ausgeworfen, um doch noch im Gedankennetz Antworten zu finden.

Zu dieser Zeit lehrte mich Reni, eine Freundin und Medium, darin, wie man mit Verstorbenen Kontakt aufnimmt. Ich erklärte ihr meine erlebten Situationen und was es alles ausgelöst hat. Sie sagte, warum ich die Geistige Welt nicht um Antworten gebeten habe. Na klar, ich bin ja auch schon ein As in solchen Dingen. Ich war viel zu befangen. Nachher verarsche ich mich mit den Antworten nur selbst, weil ich es so hören will. Nein, das wollte ich nicht. Ich brauchte jemand Anderen, der objektiv darangeht. So überzeugte ich sie, dass sie in Kontakt mit der Geistigen Welt gehen sollte, um nachzufragen was da seit einigen Tagen ablief und überhaupt gerade so abläuft bei mir. Alle W-

Fragen waren gerade meine besten Freunde, warum, wieso, weshalb, was usw. Denn darin war ich mir sicher, es passierte hier gerade was, nur das meine Logik es nicht nachvollziehen konnte, was genau. So entfachte sich ein innerer Kampf zwischen Kopf und Gefühl, denn ich weiß ja, was mein Mann und ich gefühlt haben, das ist nun mal nicht zu leugnen. Reni channelte und bekam tatsächlich eine Botschaft dazu aus der Geistigen Welt. Sie erklärte mir, dass das, was da alles innerhalb der letzten zwei Wochen passierte ein großes Geschenk aus der Geistigen Welt sei, eine „Einweihung". Na toll, dachte ich. Was für eine Einweihung und vor allem wieso…, wozu…, warum…, was mache ich nun damit? Ich sollte es herausfinden.

Ja klar, ist doch ganz einfach, das mit dem rausfinden, wenn man das Paket, wie ein Geschenk vor die geistigen Füße gelegt bekommt, das Geschenkpapier vorsichtig aufreißt, obwohl man weiß, dass man gerade nicht Geburtstag hat, kein Weihnachten oder sonstiger Feiertag ist. Es wird ewig dauern, bis ich verstehe, was der Inhalt ist. Ich bin ein Mensch und der hat Zeit, denn, wer hat die Zeit erfunden? Der Mensch. Zeit in der Geistigen Welt ist nicht existent. Ok, dachte ich, die Zeit nimmst du dir jetzt und es dauert eben so lange wie es dauert, bis du verstehst, was alles dahintersteckt. Reni wurde sehr neugierig, was hinter dieser „Einweihung" steckte und fragte mich, ob ich sie darin „Einweihen" würde. Ich hatte ja nichts zu verlieren, nur zu gewinnen. So führte ich eine Einweihung an meiner Channel-Ausbilderin Reni durch, in dem, was sich aus diesen beiden Teilen zusammensetzte, so wie mein Mann und ich es auch schon ausübten.
Da die Gebrauchsanweisung, die im Normalfall den Namen des

Produkts und den Gebrauch erklärt, beim Senden irgendwo abhandengekommen ist, zwischen Universum und der Erde, gab es dafür immer noch keinen Namen. Da der Mensch sich auch mit seiner kreativen Seite beschäftigen darf und kann, war diese dann auch noch auf meinem to do Liste, die ich auch liebevoll: „Ich arbeite dich so gerne ab-Zettel" nenne. So war klar, dass die Frage ziemlich lange im Raum stehen würde, wie Ich den Spaß, denn ich hier vollziehe, benennen würden. Reni ging dann nachhause und meldete sich zwei Tage später bei mir, mit einem Feedback, was sie nach der Einweihung verspürte. Reni erzählte mir, dass ihre Verspannungen im Schulterbereich sich gänzlich am nächsten Tag auflösten. Sie hatte einen besseren Draht nach oben, zur Geistigen Welt, und das Gefühl, dass ihr ganzer Brustkorb vorne sich weitet, sich öffnet. Das erstaunte sie selber und mich ebenso. So wollte ich nun herausfinden, was es vielleicht für Ähnlichkeiten geben könnte, wenn ich andere darin einweihen würde. Also neue Versuchskaninchen finden.

Bei einem anderen Ausbildungstermin mit Reni leitete sie mich an selbst zu channeln, was noch hinter der Einweihung stecken könnte und ich befragte meinen eigenen Geistführer dazu. Hier nun die Antwort aus der Geistigen Welt von meinem Geistführer:

> *„Fast 1000 Jahre begleite ich dich schon durch viele Inkarnationen. Ich bin dein Seelenbegleiter vom Dienst. Ich liebe das Lachen genau, wie du selbst. Die Einweihung, ein Relikt zur Selbsterkenntnis. Die Stufenweise Durchgabe, hast du wunderbar zusammengefügt.*
> *Die Anbindung an die Wirbelsäule, war der letzte Teil. Du verstehst die Impulse – Herzöffnung – Bewusstseinsöffnung – Geistöffnung, für die nächste Generation. Eine*

*neue, tiefere Energie, die überall auf der Welt zugänglich
gemacht wird. Wir versuchen es den Menschen näher zu
bringen. Es ist gut den Impulsen zu folgen. Wenn du es
weitergibst, achte auf alles, auch auf die Kleinigkeiten,
du wirst es spüren. Entwicklungspotenziale werden geweckt und gefördert die wichtig für jeden einzelnen sind.*

Das war doch mal eine erste Aussage aus der Geistigen Welt. So
nahm ich mir vor, meine Teilnehmer aus den verschiedenen Ar-
beitsgruppen, wenn sie es möchten, einzuweihen. So hatte ich
die Möglichkeit weitere Erfahrungen zu sammeln. Ich habe zwei
Reiki Gruppen, die mich mittlerweile seit Jahren kennen, und
wissen, wenn ich mit etwas komme um es ausprobieren, sind sie
ebenso Feuer und Flamme es mit mir gemeinsam herauszufinden. Das schätze ich sehr an den Gruppen. Ich vertraue ihnen
und sie vertrauen mir. So berichtete ich den Teilnehmern von
der neuen Erfahrung und sie waren alle offen genug es auszuprobieren. Das einzige was ich wollte, dass sie sich die nächsten
Tage gut beobachteten, soweit es im Alltag möglich ist. Und mir
ein Feedback geben, ob sie etwas verspüren, eine Veränderung
oder sonst etwas. Alles ist ja möglich. Sie ließen sich alle einweihen und ich durfte in die Warteposition rücken und gleichzeitig keine Erwartung haben, na dann könnte ich auch lange
warten, und warten, ach ja und ich würde vielleicht immer noch
warten. Jetzt genug gewartet.

Die Feedbacks kamen nach und nach zu mir. Die meisten Teilnehmer bekam die Einweihung sehr gut. Sie verspürten diese
Herzensöffnung, dass sich der Brustkorb vorne weitet oder öffnet, dass sie gefühlsmäßig eher reagieren, also emotionaler sich
empfinden. Körperlich sich auch einiges besserte und löste.
Aber ich bin kein Mensch der alles Schönredet. Zum Glück gab

es bisher auch eine Teilnehmerin, der es nach der Einweihung nicht so gut ging. Sie hatte nach der Einweihung intensiv mit sich selbst zu tun. Ihr war Übel, sie übergab sich in die Keramik und hatte einen ganzen Tag damit zu tun nicht den Boden unter den Füßen komplett zu verlieren. Was sich dann aber auch nach einigen Stunden wieder besserte. Aber wie ich immer sage, was raus muss, muss eben raus. So kam ich langsam zu meinen Erkenntnissen und dachte, ich schreib lieber die Gebrauchsanweisung, die ja noch irgendwo zwischen den Meteoriten zu fliegen scheint, eben selber. Erfahrung macht klug und probieren geht doch über studieren. Also, geht doch. Ich muss nur am Ball bleiben, bei diesem Thema. So erzählte ich den Teilnehmern aus anderen Gruppen davon und sie lechzten nach dieser Einweihung, wie ein Lutscher, den man als Kind manchmal geschenkt bekommt, weil man brav gewesen ist. So verschenkte ich für Feedbacks Einweihungen und jeder trug seinen Teil dazu bei. Ich machte mit der Zeit die Erfahrung, dass es auch möglich ist mit einem gewissen zeitlichen Abstand weitere Einweihungen zu vollziehen. Die Frage nach dem warum wurde beantwortet, es wird ein innerlicher Schub ausgelöst, um an seiner Entwicklung weiterzuarbeiten. Wow, dachte ich ein Booster, ein kleiner Schleudersitz um weiter zu kommen, cool. So ergab es sich bis heute, dass einige der Teilnehmer, wie auch mein Mann und ich selbst, es schon einige Male probiert haben, diese Einweihungen mit unterschiedlichen Zeitabständen zu wiederholen. Das Fazit daraus ist, es funktioniert sehr gut und tut sehr gut. Die Prozesse laufen und kommt etwas ins Stocken, dann einfach noch einmal „Boosten". Da war es wieder, die Methoden hat immer noch keinen Namen. Ich setzte mich hin, machte einfach ein Mindmap und schaute was in meinem Gedankennetzt sich für Worte tummeln und fischte alle heraus und schrieb sie auf das Papier zum Mindmap. Das Ergebnis war, das ich diesen Einweihungsteil als die „Herz-Heil-Energie" benannte, weil es das einfach auf den Punkt brachte und die Erfahrungen zeigten. Juhuuuuu, ich habe einen Namen, fühlte sich schon mal gut an. Aber wenn das Geschenk, was mir vor die geistigen Füße gelegt wurde jetzt schon einen Namen hat, was mache ich dann damit – spielen?

KAHI-SI

Ok, ich spiele und schau was kommt, was mir noch so vor die Füße fällt und nun auch besser gesagt in die Hände gelegt wird, denn das war es ja, was als nächstes passierte. Die Geistige Welt legte mir dann etwas in die Hände, wo ich ebenfalls einiges erst herausfinden sollte. Deren Drucker für Gebrauchsanleitungen war da oben wohl im Eimer, diese wurde auch nicht mitgeliefert. Aber ich gewöhnte mich langsam daran es selbst herauszufinden, ich hatte ja schon etwas Übung darin und vor allem Zeit. Ich arbeite seit 1996 mit der Reiki-Energie-Methode nach dem M. Usui System. (Anmerkung der Autorin: Reiki heißt übersetzt „Universelle Lebensenergie" und wurde von dem Japaner Mikao Usui zu Beginn des 20. Jahrhunderts wiederentdeckt. Diese Technik bedient sich der Art des Handauflegens, wobei hier Energie übertragen wird).

Daher weiß ich, wie sich die Energien in meinen Händen innerhalb einer Reiki-Anwendung mit einem Klienten anfühlen. Die

Klienten genießen es sehr, sich auf die Liege zu legen und die Reiki-Energie zu spüren und wirken zu lassen. Dann stellte ich fest, dass innerhalb der Reiki-Anwendung meine Hände sich nicht auf einzelnen Positionen legen wollten, sondern sich innerhalb der Aura bewegen wollten. Am Anfang war ich etwas unsicher. Mit der Zeit kam ich dem intuitiven Impuls doch nach und ließ meine Hände gewähren. Ich ließ sie machen, was sie machen wollten. Die Hände schwebten, ich ließ sie langsame und fließende Bewegungen machen. Es gab keinen bestimmten Rhythmus, sie taten einfach, wie es ihnen lieb war. Es war spannend zu beobachten. Einigen Klienten fiel das natürlich auf, dass es anders war als sie es kennen und fragten, was ich gemacht habe, es fühlt sich anders im Körper an. Ich berichtet ihnen von meinen Erfahrungen und versicherte ihnen, dass auch die Reiki Energie weiterfließe wie gewohnt. Diese Reiki-Energie kann ich ja nicht wie einen Wasserhahn zudrehen, und sie die Veränderung doch genießen sollten. Sollte ihnen eine Veränderung auffallen, könnten sie mir diese gerne mitteilen. So machten einige eben ihre Erfahrungen und ich meine. Ich fand dann heraus, dass eine Hand bei der Anwendung gerne am Körper blieb um den Kontakt beizubehalten und mit der anderen Hand konnte ich diese fließenden, magischen Bewegungen ausüben. Hier wurde nichts bewusst gesendet oder ähnliches. Ich ließ auch hier einfach geschehen, was geschehen wollte in meinem Ur-Vertrauen. Es wird das geschehen was geschehen soll, für den Klienten und auch mir selbst. Da sich das nun veränderte, fragte ich mich ob es nicht auch mit der neuen Einweihungsgeschichte zu tun hat, ach ja, sie hat ja jetzt einen Namen „Herz-Heil-Energie“. Ich muss mich noch daran gewöhnen, sie beim Namen zu nennen. So fischte ich wieder nach Antworten in meinem Gedankennetz, in der Hoffnung die Geistige Welt wird mir die Antworten auch ins große Meer werfen, damit ich sie rausfischen kann, dafür brauch ich nicht mal einen Angler-Führerschein, cool, läuft. Alles hat doch seinen Sinn, also füge das, was zusammengefügt werden will zusammen und mach was Schönes daraus. Ups, wie eine Hochzeit, wo sich zwei trauen, einen gemeinsamen Weg zu gehen. Na dann los. Ich versuchte auch hier wieder im Großen weiten Wissens-Netz mit meinem Tablet Antworten zu finden, ob es das schon gibt, was ich da gerade herausgefunden haben. Und ich kann zumindest sagen, wenn man so viel liest, wie ich, da stolpert man über viele Themen, mit Gemeinsamkeiten und kommt von Weg A zu Weg B und weiter zu Weg C usw. Intuitiv blieb ich dann bei den hawaiianischen Heilmethoden hängen. Ich informierte mich und erfuhr das es auch hier viele alte Heilmethoden gibt, die sich im Laufe der Zeit auch weiterentwickelt haben, und neue oder ähnliche Namen tragen. Veränderung bedeutet Bewegung. Ich wollte doch nur wissen, was da aus mir sich gerade in die Welt bewegt.

So las ich, das auch schon die Hawaiianer es mit dem Händeauflegen in sich hatten und es praktisch anwendeten. Die hawaiianischen Schamanen gebrauchten dafür den Begriff „KAHI". Das Wort KAHI wird übersetzt mit „fließende Bewegung" – „Einheit" – „Feuer" (Aktivität und Energie) – „Eins-Sein" – „Magische Berührung." Es war ihnen wichtig den Menschen mit voller Aufmerksamkeit zu begegnen und die Energien dabei intuitiv fließen zu lassen, ohne sie bewusst mit irgendeiner Absicht zu lenken oder zu senden. Sie gingen einfach ihren Impulsen nach. Mal ehrlich, was braucht es mehr als es durch das Tun zum Sein zu kommen.

Da alles in ständiger Veränderung ist, entstehen immer wieder neue Methoden, die weltweit praktiziert werden. So kann keine Methode wirklich stillstehen und wird sich zu seiner Zeit eben weiterentwickeln. Dazu gesellt sich das heutige Wissen der Quantenheilung. Man hat herausgefunden, dass viele Methoden auf der Quantenmethodik beruhen. Durch das experimentieren sammeln wir die Erkenntnisse, um diese in der Welt da draußen zu präsentieren und weiterzuverbreiten. Da sind echt viele Angler unterwegs, stelle ich gerade fest. So konnte ich mich mit diesem Begriff „KAHI" sehr gut identifizieren, da es auch für mich diese magischen und fließenden Bewegungen waren und die volle Aufmerksamkeit für den Klienten dazu beitrugen, dass es durch mich wirkte, sich ausdrücken wollte und gleichzeitig dieses magische Gefühl zu spüren, was im Empfänger innerlich geschieht, auch wenn es nicht immer gleich offensichtlich ist.
Und so entwickelte sich eben der Name für diesen zweiten Teil, weil er es für mich auf den Punkt bringt. Einerseits steht das „SI" für die Anfangsbuchstaben meines Vornamens. Andererseits steht das „SI" in drei Sprachen für „Ja" als Übersetzung aus dem Italienischen und Spanischen, sowie im Mandarin das „Shi". Es ist meine persönliche „Bejaung", als Zustimmung für die KAHI-SI & Herz-Heil-Energie- Methode. Nun kann sich jeder selbst dafür entscheiden, was ihm besser gefällt. Es ist mein Weg für die Namensgebung, wie sie für mich stimmig ist.
Diese, ist die aus mir geborene" KAHI-SI & Herz-Heil-Energie" Methode, die ich hier gerne in die Welt bringen möchte.
Irgendwie kann ich nun verstehen, wie die Geistige Welt es immer wieder schafft, für sie und uns bestimmte Energien fast gleichzeitig in die Welt zu bringen und sicher zu gehen, dass diese auch gut verbreitet werden, sie an den verschiedensten

Teilen der Erde zu vollziehen, ohne das einer vom anderen weiß. Ok, ich habe das Geschenk vor die Füße und in die Hände gelegt bekommen und nun mache ich das Beste daraus was geht. Ich bin gespannt, wo es mit mir und den Anderen dann hinmöchte.

Daher ist es eine schöne Verbindung und nun liegt es an uns, diese Energien zu empfangen und fließen zu lassen, wohin sie möchten und zu wem sie vor allem möchten. Es ist bekannt, das Energien Schwingungen sind und dadurch auch ein Informationsaustausch stattfindet im Energiefeld, mit dem bestmöglichen Ziel, die göttliche Ordnung wiederherzustellen. Es kommt eben immer das zusammen, was zusammengehört und will durch sich selbst wirken. So erging es wohl in der Geschichte vielen Menschen, die ihre Methoden in die Welt brachten, wie z.B. Mikao Usui, der die Reiki-Energie auch wiederentdeckte und es Reiki nannte.

Gesundheit &Krankheit und Spannung & Entspannung

In hawaiianischen Heiltraditionen liegt die Beachtung nicht auf
eine Krankheit an sich, da es in dem hawaiianischen Sprachge-
brauch das Wort für „Krankheit" nicht gibt. Sie sehen es eher als
Art „Spannung" an. So liegt es ihnen am Herzen in der Umsetzung unterstützend an der Harmonisierung und Ausgeglichen-
heit im körperlichen, geistigen und seelischen Bereichen des
Menschen zu arbeiten, um einen natürlichen Entspannungszu-
stand herzustellen. Hier in unseren westlichen Gefilden ist unser
Denken anders. Wir sind da rationaler veranlagt. Es wäre hilfreich das rationale Denken für den Begriff „Krankheit" einen
Augenblick zur Seite zu legen, auch wenn die westliche Medizin
wichtig ist und ihrer Berechtigung hat. Mal ehrlich, würden wir
folgende Sätze laut aussprechen, was hört sich gefühlt negativer
an? *„Ich fühle mich z.B. schlecht, unwohl, krank"* oder *„Ich
fühle mich verspannt".* Krankheiten ist in der Wahrnehmung
mehr als es nur zu benennen. Durch das fühlen prägt es sich ein
und macht sein Ding, das wir uns krank fühlen und es eben auch
so kommunizieren. Verspüren wir Spannungen und sprechen
von diesen, belaufen die Erfahrungen darauf, dass diese eben
leichter veränderbar sind. Ich denke, viele Menschen haben verlernt sich selbst zu fühlen, sich wahrzunehmen und zu kommunizieren was ihnen fehlt und was sie brauchen. Dann wenden sie
sich vertrauensvoll an einen Arzt, der es ja wissen muss, denken
sie sich. Der Arzt sagt, was ihnen fehlt und was sie brauchen.
Manchmal kann das helfen und manchmal hilft es eben nicht.
Der Arzt steckt nun mal nicht in der Haut, des Patienten und

kann nur mit dem Kommunizierten auf etwas schließen und darauf seine Diagnose stellen. Wenn der Mensch dann doch einmal schlauer sein möchte, weil er vermutet, was er braucht, dann wünsche ich jedem ein Arzt, der das respektiert und mit offenen Ohren unterstützt. Aber wie gesagt, jede Methode, egal ob Schulmedizin, Naturheilverfahren oder Energiearbeit, sie haben alle ihre Berechtigung in unserer heutigen Zeit.

Würden wir wieder mehr auf unser Inneres hören, wüssten wir vielleicht auch eher, wie wir die innerlichen Spannungen schneller wieder abbauen können, bevor es sich zu etwas manifestiert, was es dann unumgänglich macht mit harten Bandagen daran zu arbeiten.

Als KAHI-SI & Herz-Heil-Energie Anwender dürfen wir nicht jegliche Krankheit negieren. Eine Person mit ernsthaften Schmerzen oder anderen Krankheitssymptomen, sollte auf jeden Fall alles medizinisch abklären lassen. Die KAHI-SI & Herz-Heil-Energie kann immer vorbeugend und unterstützend eingesetzt werden, neben anderen medizinischen oder therapeutischen-Methoden. Somit ist klar, dass zu viel Spannung für die Gesundheit nicht förderlich ist, weil die eigenen Energien nicht entspannt fließen können. Dazu trägt auch eine dauerhafte negative Lebenseinstellung bei, die sich durch zu viel Spannung irgendwann zwangsläufig auf der körperlichen Ebene manifestieren wird und auch in den körpereigenen Zellen abgespeichert wird. Ja der Körper merkt sich so einiges, oder eben auch alles. Da der Mensch ein Meister darin ist, alles Mögliche zu verdrängen, und ihm nicht bewusst ist, dass auch das Verdrängte Energie-und Kräftezehrend ist. So wird einem bewusst, wenn man genau nachdenkt, dass es eine ziemlich vergeudete Energie ist, die man anders oder besser hätte einsetzen können. Aber wir wissen ja, dass Energie nun mal der Aufmerksamkeit folgt, was soll sie auch anderes tun. So passiert es dann auch, dass wir die innerlichen unbewussten Schubladen vollstopfen mit Erfahrungen, Gefühlen und sonstigen Müll, den wir nicht brauchen, nicht wollen und sie trotzdem vorhanden sind. Und siehe da, genau diese Schubladenmonster haben Hunger! Hunger nach Energie, wir nähren sie unbewusst mir unserer Aufmerksamkeit, in der Absicht keiner sieht sie, keiner hört sie, keiner bekommt sie zu spüren und doch bekommen die Energiefresser so noch mehr Energie, damit sie ja in den Schubladen bleiben.

Wir als feststofflicher Mensch, und mit vorhandenen gespeicherten Spannungen fühlen uns daher oft ausgelaugt, kraftlos oder energielos. So müssen wir immer wieder dafür sorgen, dass genug aufbauende Energie in uns hinein- und durchfließt, damit wir positiv geladener sind und dadurch entspannter im Leben sein können. Energie kann nicht stillstehen, sie ist immer in Bewegung. Wenn auch wir uns als Mensch, der aus Materie besteht, runterreduzieren würden, bleibt eben nur Energie übrig. Das belegt schon die Quantenphysik.

Ok, gehen wir also davon aus, wir bestehen aus Energie, Licht und Informationen, und schwingen in bestimmten Frequenzen. Reduzieren wir das noch weiter, was bleibt dann übrig? Nichts? Nichts, gibt es nicht. So nennt man dies bislang Null-Punkt-Energie. So besagt es das heutige Wissen. Ist das die Quelle, allen Seins oder wie auch immer man es nennen mag, das Göttliche? Eine heikle Frage, die sich jeder selbst beantworten sollte.

Also, Adlerschwingen ausgebreitet und so hochfliegen, um den Blick für das Ganze zu bekommen. Im Hühnerstall hier unten wird es uns nicht gelingen. Dann lerne Frieden zu schließen mit deinen Schubladen, dass macht die Energie leichter, es bringt dir die Entspannung und die Energien fließen wieder, wie sie es sollten, und lässt dich fliegen. Dafür kann auch diese KAHI-SI & Herz-Heil-Energie Methode eine Möglichkeit zur Unterstützung sein, da der Empfänger innerhalb des Unbewussten Prozesses auf sein eigenes Unterbewusstsein zugreift und die Informationen besser vom Gehirn verarbeitet werden können. Die „Quelle" kann im entspannten Zustand die Informationen preisgeben, die gebraucht werden. Der Empfänger erhält also seine Informationen ebenfalls, vielleicht verpackt als Geschenk, damit er es wahrnehmen kann.

Die Wirkung von KAHI-SI & die Herz-Heil-Energie

Egal ob nun einzeln angewandt oder in Verbindung zusammen.
Die KAHI-SI Anwendung ist ein eigenständiger Teil und ist vergleichbar mit einer Massage, eben nur in den energetischen Schichten der Aura.
Diese magische Berührung mit den Händen, innerhalb der energetischen Körper des Empfängers und mit den fließenden Bewegungen tun, was sie tun sollen. Vorherrschende muskuläre Spannungen im Körper können sich auflösen. Es unterstützt die mentalen, körperlichen und physischen Prozesse, um Spannungen zu lösen, die sich negativ manifestiert haben. Es regt den eigenen Energiefluss an, was gefördert wird durch die fließenden, langsamen Bewegungen im Energiekörper des Empfängers. Es können unter Umständen auch Schmerzen gelindert werden, durch das anregen der Heilungsprozesse im Körper.

Eine Wirkung kann von sofort eintreten, Tage später wahrnehmbar sein, bis hin zu keiner spürbaren Veränderung. Verändert sich erst einmal gar nichts, können mehrere KAHI-SI Anwendungen durchgeführt werden. Auch hier ist es wichtig intuitiv vorzugehen und den Empfänger miteinzubeziehen, wie er es wahrnimmt, ob es ausreicht oder er mehr KAHI-SI Anwendungen möchte, weil es ihm einfach nur guttut, oder er einer Veränderung genug Zeit zum Agieren geben möchte. Der Empfänger sollte hier Eigenverantwortlich handeln. Vor allem, wenn die Ursache sehr tief sitzt. Auch kann es hilfreich sein, andere Methoden mit einzubeziehen. Wer sich gut intuitiv leiten lässt, wird die passenden Methoden zur Unterstützung finden. Falls nach erstmaligem Erfolg, durch die KAHI-SI Anwendungen, der verspannte Zustand zurückkehrt, kann es sein, das tiefsitzende Muster erst noch bearbeitet werden sollten. Dies geschieht, wenn alte Denkmuster, die zur behandelten Disharmonie des Körpers geführt haben, wiederaufgenommen bzw. nicht geändert werden. Innerhalb einer KAHI-SI Anwendung kann der Empfänger in einen entspannten Zustand eintauchen, der unterschiedlich tief empfunden werden kann.

Gibt es eine 100%ige Gesundheit? Ich weiß es nicht. Ist nicht immer irgendetwas, je nachdem aus welcher Perspektive wir etwas betrachten. Der Mensch sollte von sich aus bestrebt sein, sich immer in einem gesundheitlichen Wohlbefinden zu bewegen. Jede Spannung unterliegt meist auch einer energetischen Blockade, die uns beeinflusst. Durch die KAHI-SI Anwendung und der erreichten Tiefenentspannung, kann der Empfänger mit seinem Unterbewusstsein Kontakt aufnehmen, damit sich die Spannungen lösen können. Zugleich hat der auch unbewusste Zugriff auf seinen gesunden Bauplan, der dafür da ist, einen gesunden Zustand zu erreichen.

Bei chronischem Stress, der in der heutigen Zeit immer mehr Menschen betrifft, ist das Immunsystem meist geschwächt. Der Körper ist nicht in der Lage, seinem Bauplan nach, sich selbst zu reparieren, da zu viel innerliche Spannung herrscht. Es sollte erst für Entspannung gesorgt werden, damit der gesunde Bauplan abgerufen werden kann, der sich im Null-Punkt-Energiefeld befindet.

Einweihungen allgemein

Es gibt die unterschiedlichsten „Einstimmungen" oder „Einweihungen" in viele Energie-Methoden, in dieser Welt. Die wohl bekannteste ist die Einweihung in die Reiki-Methode. So unterschiedlich auch die Methoden sind, so unterschiedlich sind auch die Begriffsbenutzung der Menschen, die damit arbeiten. Betrachten wir eine Einweihung mal aus der Perspektive, dass es möglich ist, sich auf eine höhere Schwingungsenergie einzustimmen oder sie übertragen zu bekommen. Während sich jemand auf die (neue) Energie einstimmt oder anders formuliert, in Übereinstimmung mit der Energie kommt, ist es möglich, Veränderungen im eigenen Körper wahrzunehmen und zu lernen, damit umzugehen.

Die spannende Frage ist, was jeder selbst tun kann, sich der neuen Schwingungsenergie bewusst zu werden und als Kanal für diese Schwingungsenergie zur Verfügung zu stehen. Jede Einstimmung oder Einweihung unterliegt meist einem Entwicklungsprozess, wobei unterschiedliche Reaktionen am oder im Körper und auch an den Händen auftreten können, wie z.B.: Wärme, Kribbeln, Hitze, Kälte oder ähnliches.

Bei den sogenannten Einweihungen oder auch Einstimmungen, geht es vor allem darum, die spirituelle Öffnung zu erleichtern, um bestimmte Energien, wie z.B. die Reiki Energie (Universelle Lebensenergie), die Kundalini-Energie usw. wie auch bei der Herz-Heil-Energie zu kanalisieren oder Fähigkeiten zu aktivieren, die in jedem Menschen schlummern. Es gibt z.B. Energiearbeiter oder Lichtarbeiter, wie ich sie gerne nenne, die ihre Berufung zum Beruf machen wollen und mit Menschen arbeiten möchten. Wenn die Berufung ruft, braucht es Geduld darin zu wachsen, und die dazugehörigen Erfahrungen zu sammeln. Das Interesse als Energie- oder Lichtarbeiter tätig zu sein, kann verschiedene Gründe haben, die z.B. bis in frühere Leben reichen können. Dort wurden vielleicht schon Erfahrungen gesammelt, die im heutigen Leben wieder eine Rolle spielen könnten, weil etwas nicht im früheren Leben vollendet werden konnte, weil man vielleicht Missbrauch damit getrieben hat, und das mit schlimmen Folgen für andere oder sich selbst ausging, und versucht diese, im heutigen Leben besser zu machen zu. Vielleicht ist es aber auch die erste Berührung mit solchen spirituellen Themen im heutigen Leben, wer weiß das schon, außer der eigenen Seele selbst. Es geht hier auch immer um die eigene Persönlichkeitsentwicklung, wo wir z.B. lernen, entscheiden, probieren, entdecken und etwas überwinden können. So lernen wir diese heutige Welt auch wieder neu kennen, mit all ihren dazugehörigen Möglichkeiten.

Jede Einweihung oder Einstimmung greift in die tiefen energetischen Ebenen eines Menschen ein und haben daher auch immer individuelle Reaktionen und Wirkungen zur Folge. Innerhalb einer durchgeführten Einweihung sind wir als Einweihungs-Geber selbst nur ein Kanal, daher dürfen auch wir als Geber darauf vertrauen, dass das, was wir hier im realen tun, auch auf der geistigen Ebene zeitgleich etwas getan wird. Was das ist und wie es funktioniert, dass weiß ich nicht wirklich. Ich habe mich damals bei meinen ersten Reiki Einweihungen, als Reiki Lehrerin, immer gefragt, nur, weil ich dies und jenes, (Was und wie ist ja ein kleines Geheimnis) unteranderem mental in mir und am Empfänger so durchführe, schon reicht, damit die Reiki Energie jederzeit durch den Empfänger fließen kann. Meine Zweifel waren da schon sehr präsent.

Anhand von manchen massiven Reaktionen während und nach den Einweihungen am Empfänger, war ich oft überfragt. Spielten die Empfänger mir nur etwas vor? Oder spielt sich da innerlich bei den Empfängern wirklich einiges ab. Ich beruhigte mich damit, dass es doch Selbstverarsche wäre, wenn die Empfänger das spielen würden, wozu das denn?
Ich konnte mich nur an meine eigene Reiki-Einweihung zurückerinnern und weiß, dass meine Emotionen erst einige Zeit nach der Einweihung verrücktspielten und ich in der Ecke saß und nur heulte, und dies ohne ersichtlichen Grund. Das Fass von angestauten Emotionen wurde einfach angestochen und lief nun aus. So lernte ich auf den Prozess zu vertrauen, und stellte mir immer vor, das die da oben, in der Geistigen Welt, im Moment der Einweihung ebenso ihren Job durchführten, wie ich. Damit komme ich bis heute auch gut zurecht. Außerdem sehe ich so viele Jahre schon, wie die Einweihungen wirken bei den Empfängern, und dessen Leben sich weiterentwickelt hat.

Innerhalb der Einweihungen geschieht so einiges auf der körperlichen und energetischen Ebene, auch wenn es nicht immer für jeden Empfänger wahrnehmbar ist. Die Prozessarbeit ist aktiviert und es kann nun unterstützend mit den Energien gearbeitet werden, in denen der Empfänger eingeweiht wurde. Die bekannten Energiezentren, auch Chakren genannt, sind ein wichtiger Bestandteil des Lichtkörpers, die in Verbindung mit dem physischen Körper stehen und laufend miteinander kommunizieren. Sie sind wie Tore, wo Energien fließen und Abläufe gesteuert werden.

Was ist, wenn jemand das Gefühl hat oder der Meinung ist, dass eine Einweihung oder Einstimmung nicht funktioniert oder sie falsch gemacht wurde? Menschen machen Fehler, keiner ist perfekt. Es gehört eben zu unserem Leben dazu, wie würden wir sonst Erfahrungen sammeln können. Innerhalb einer Einweihung oder Einstimmung, stellt die einweihende Person (Lehrer) den Kontakt zur Geistigen Welt her, der sogenannten Quelle, der spirituellen Energie, den göttlichen Wesen oder ähnliches und dient z.B. als Kanal für deren Kraft, Weisheit und Liebe. Daher ist es beruhigend zu wissen, dass die Geistige Welt schon den Hauptanteil bei der Durchführung der Einweihungen und Einstimmungen vollzieht, und dafür sorgt, dass der Kanal nach oben geöffnet wird, mit Energien, die uns hier eben noch nicht zur Verfügung stehen. Jede Einweihung oder Einstimmung in ein bestimmtes Energiesystem oder einer Methode hat ihre Berechtigung in dieser Welt. Sie können Erkenntnisse, Fähigkeiten fördern, Potenziale wecken und auch unterstützend ins eigene Energiesystem greifen.

Was hat es auf sich, wenn die Geistige Welt eine Einweihung vornimmt?

Die Geistige Welt ist mehr verbunden mit uns, als wir es uns je erahnen können, da sie für die meisten Menschen eben nicht greifbar und sichtbar ist. Oft wird die Meinung vertreten, das, wo nichts sichtbar ist, nichts sein kann, ganz einfach. Aber gehen wir mal davon aus, dass es da draußen, da oben, neben uns, oder wo auch immer die Geistige Welt existent ist. Das jeder Mensch einen Schutzengel, Geistführer hat oder die verstorbenen Menschen, die schon wieder „Zuhause" sind, uns immer wieder mal besuchen kommen, uns z.B. unterstützen in unseren Lebensplänen, dann weiß die Geistige Welt, oder wer auch immer für uns da oben am runden Tisch alles so sitzt, was, wann und wo, in groben Zügen im Leben eines jeden einzelnen geschieht. Sie kennen unsere Pläne, Verträge, Seelendeals und Ziele, die wir anstreben. Das gilt dann auch für die Einweihungen oder Einstimmungen, die einem über den Weg laufen. Meist geschehen solche Dinge unbewusst in Lebenssituationen, wo Themen durch sehr viel Aufmerksamkeit und Energien belebt werden wollen.

Ich kann es aus eigener Erfahrung bestätigen. Nun war oder ist vielleicht zu einem bestimmten Thema gerade kein menschlicher Lehrer hier auf der Erde vorhanden oder es ist eben sehr unwahrscheinlich, dass sich die Wege mit einem Lehrer im Alltag kreuzen, z.B. lebt man auf verschiedene Seiten der Erde. So ist es der Geistigen Welt möglich, alle Hebel in Bewegung zu setzen, und jemanden selbst einzuweihen. Sie wissen, dass es eine Chance ist, etwas ins Leben und in diese Welt zu senden und in der Umsetzung für viele Menschen eine Unterstützung sein kann, weil die Zeit dafür gerade reif ist. Die Herausforderung besteht nur darin, als Mensch, es als das wahrzunehmen, was es ist. Nun kann es aber auch vorkommen, dass es nicht jedem klar ist, dass er vielleicht eine Einweihung oder Einstimmung aus der Geistigen Welt erhalten hat, was dann?

Naja, sie verschwindet meist wieder, denn, was brachliegt und keine Aufmerksamkeit bekommt, wird eingehen wie eine Blume, die kein Wasser bekommt. Der Empfänger hat nichts bewusst davon gespürt, dass die Geistige Welt etwas versucht hat zu senden, somit gab es auch keine Aufmerksamkeit und keine Energie, seitens des Empfängers für das Päckchen, von der Universumspost, da sie nicht gesehen und entgegengenommen wurde. Dadurch wäre für mich erklärbar, dass es an verschiedene Orten auf der Welt, fast Zeitnah, zu den gleichen Phänomenen kommt und ähnliche Methoden auftauchen. Die Geistige Welt sagt sich wohl auch, sicher ist sicher. Ich kann nur erzählen, was es für eine wunderbare Einweihungs-Erfahrung für mich war, als ich sie erhielt, ohne gleich zu wissen, dass es eine Einweihung war. Das Paket aus der Universumspost, war zum Glück zu groß, um es zu ignorieren. So habe ich mich darauf eingelassen und bin dem hartnäckig gefolgt. Die Emotionen, Bilder und alles was so innerlich ablief war nicht ohne, sonst würde ich doch jetzt nicht hier sitzen und all das aufschreiben, damit du diese verrückten Zeilen lesen kannst. Jede Erfahrung die gemacht wird, gehört zur persönlichen Weiterentwicklung. So habe ich im Vorfeld, aufgrund meiner Interessen, meiner Wissenssucht schon unbewusst etwas in Gang gesetzt, bin beharrlich drangeblieben und es war wie eine Schwangerschaft mit Höhen und Tiefen, so dass dieses Baby nun bereit ist geboren zu werden, in die Welt geschickt zu werden, um zu wachsen, Erfahrungen zu machen, mit allem was dazu gehört. Ich schätze dieses Universums-Geschenk sehr in meinem Herzen, bin dankbar für die damit verbundenen Erfahrungen, die ich bisher damit erleben durfte und freue mich auf die noch bevorstehenden Erfahrungen. Ein Schatz, mein Schatz, der es wert ist zu teilen, mit denen die es ebenso zu schätzen wissen. In diesem Buch kann ich meine Wertschätzung ausdrücken, denn es ist mein erstes Buch. Auch wenn ich schon viele, sehr viele Jahre immer gedacht habe, ich würde gerne mal ein Buch schreiben, aber über was? Und nun sitze ich hier und es tut sich was, auch wenn es viele Jahre dauerte, aber der Energieimpuls hat nie aufgehört zu schlagen. Danke an die Geistige Welt, dass ihr so beharrlich an mir gezwickt habt, dass ich es spüren konnte.

Ok, nun habe ich die Einweihung bekommen, habe mir die Gebrauchsanweisung innerhalb von fast drei Jahren durch learning by dooing erarbeitet, so dass ich als menschliches Wesen nun auch die Einweihungen oder Einstimmungen in die KAHI-SI & Herz-Heil-Energie Einweihungen bei interessierten Menschen, die dafür offen sind, durchführen kann.

Kann jeder die Herz-Heil-Energie-Einweihung erhalten?

Im Grunde genommen ja. Wichtig ist zu beachten, dass der Empfänger der Herz-Heil-Energie Einweihung physisch wie auch psychisch stabil ist. Die Herz-Heil-Energie Einweihungen können bei Bedarf oder nach Gefühl öfter durchgeführt werden. Es ist ratsam zwischen den Einweihungen einige Wochen vergehen zu lassen, so ist gewährleistet, dass Erfahrungen und Erkenntnisse besser zu reflektieren sind und die Energie ihre volle Wirkung entfalten kann. Der Empfänger der Herz-Heil-Energie Einweihung wird selbst oder bei Bedarf mit Unterstützung herausfinden, was es mit der Zeit individuell bewirkt.

Einiges an schlummernden, unangenehmen, alten Themen können aufgelöst werden. Diese Themen kommen meist in aushaltbaren Portionen an die Oberfläche, wollen gesehen und bearbeitet werden. Da die Heilungsprozesse aktiviert werden, wie auch bei anderen Energie-Einweihungs-Methoden oder aus der Homöopathie bekannt, kann es die sogenannte Erstverschlimmerung geben. Ist das der Fall, sollte genauer hingeschaut werden, welche Hilfe oder Unterstützung gebraucht wird, um eine Verbesserung zu erreichen, gegebenenfalls es auch medizinisch und/oder psychologisch abklären zu lassen.

Nicht jeder Einzuweihende Empfänger verspürt etwas innerhalb oder nach der Einweihung. Es kann vorkommen, dass sich Emotionen zeigen können, ohne sich dessen bewusst zu sein. Die Energien sind immer individuell zu betrachten. Auch wenn nichts wahrzunehmen ist, kann die Energie ihre Wirkung entfalten.

Energie-Übertragungen können Geschenke sein

Kommen für uns Menschen neue Energien in unsere Welt, muss es wohl erst einmal einen oder einige Menschen hier auf der Erde geben, die erkennen, was da kommt oder per Universums-post zugestellt wird, in der Hoffnung der Empfänger nimmt das Päckchen auch an. Im Bewusstsein, das wir nichts aus dem Universumskaufhaus bestellt haben, warten wir natürlich nicht auf etwas. Anders wäre es, wenn wir ein Kleidungsstück in einem Online Versandhandel bestellt hätten, da wir genau wissen, dass die bestellte Ware auf dem Weg ist und geliefert wird, weil es ein bewusster gesendeter Auftrag ist. Von Seiten, der Geistigen Welt, ist es ein Geschenk, was wir nicht erwarten und doch irgendwie sind die Versandhändler im Universum sich schon sicher, dass ihr Geschenk schon jemand findet, es auspackt und damit spielen wird.

Erkennen wir doch diese Einweihungen als universelle Geschenke aus der Geistigen Welt einfach an, auch wenn wir den wahren Inhalt erst einmal nicht kennen, oder ihn vielleicht nur erahnen können. Mit jeder Energie-Übertragung aus der Geistigen Welt bekommt man kein Anleitungsbuch mitgeliefert.
NEIN, man darf es selbst herausfinden, was auch sonst.
Das Gute daran, man beobachtet sich und auch das eigene Umfeld bewusster, bleibt also mehr bei sich selbst und macht die dazugehörigen Erfahrungen, die einen weiterführen können und im Entwicklungsprozess hilfreich sind.

Zufall? Nein!

Alles kommt zur rechten Zeit am richtigen Ort zusammen, um aktiviert zu werden. Vorwissen ist dafür nicht wichtig, es passiert einfach, weil es so ist, wie es ist. Der Verstand hinterfragt, will es verstehen wie z.B. mit Fragen: *„Was ist es?"* - *„Warum passiert es?"* – *„Warum gerade jetzt und mir?"* – *„Was macht es?"*. Wir als Menschen leben hier in der Welt der Dualität (Das Vorhandensein von zwei, meist gegensätzlichen, Sachen, wie z.B. Yin und Yang) und wägen daher automatisch alles ab, um das Gefühl zu haben gute Entscheidungen zu treffen. Wir wissen in diesem Moment nicht, ob es gut oder eben nicht so gut war, eine Entscheidung zu treffen oder eben nicht zu treffen. Das wird einem erst viel später bewusst, aufgrund der damit gemachten und erlebten Erfahrungen. Wir lernen auf diesem Weg die damit verbundenen Konsequenzen kennen, und werden vielleicht immer wieder abwägen, neu Entscheiden oder es durchziehen, komme was wolle. Jeder lebt da seine eigenen Verhaltens-Denk-und Handelsmuster.

Kommen wir zurück zu dem Geschenk aus dem Universumsversandhandel. Um herauszufinden, was dahinter steckt brauchen wir eine Tüte voll Geduld. Diese ist aber für die meisten keine Königsdisziplin, die eben mal schnell erlernt und beherrscht wird. Alles braucht seine Zeit. Bist du bereit, wird die Antwort auf den unterschiedlichsten Wegen zu dir kommen. So sei mit Adleraugen und Lux Ohren wachsam, versuche auf deine innere Stimme zu hören, die Antwort kann z.B. in einem Text erscheinen oder in Gesprächen auftauchen. Schärfe alle deine Sinne und sei offen, dann kannst du es erkennen.

Sei dir im Klaren drüber, dass diese Einweihungen keine Geschenke sind, die du kurz mal auspackst, kurz damit spielst, um dann nichtbeachtend in der Ecke vergessen zu werden, dafür sind sie zu wertvoll, nach dem Motto: aus den Augen, aus dem Sinn, geht hier nicht. Aber da du als Mensch einen freien Willen besitzt, kannst du frei entscheiden, was du damit machen möchtest. Es beachten und nutzen oder mit Nichtachtung liegen lassen und vergessen. Da wundert es nicht, dass die Geistige Welt, z.B. Ideen, Impulse und Energien, mehrfach auf den verschiedenen Kontinenten versendet, mit dem Wissen es wird schon jemanden erkennen und schätzen, um es in die Welt zu bringen. Dieses Einweihungs-Geschenk, die Herz-Heil-Energie, wie ich sie benannt habe, wünschte sich von mir geduldsame Aufmerksamkeit. Nach und nach gab das Geschenk mehr von sich preis und meine Neugierde wurde am Leben gehalten, gepaart mit Euphorie, Empathie, Spiel und Spaß, wie ich mit diesem Geschenk umgehen könnte, davon lernen zu können, es zu aktivieren oder zum Leben zu erwecken, um so viel rauszuholen wie nur möglich, damit es weitergetragen werden kann. Dieser Schatz ist für alle da, die ihn haben möchten und sich bereit dafür fühlen, ihn ebenso wertzuschätzen.

Energie in jeglicher Form sucht sich seinen Weg. So wirkt auch das Resonanzgesetz, wir selbst ziehen es wie ein Magnet an. Ist die Zeit reif, ist der Mensch reif, ist die Energie bereit durchzukommen.

So gibt es in der Welt viele Menschen, die zur richtigen Zeit reif waren, am richtigen Ort sich befanden, um Energie-Übertragungen zu bekommen, die wichtig waren und für die Menschen, die damit in Resonanz gehen. Durch diese Vorgehensweise werden überall, durch Energie-Übertragungen „Lichtpunkte" in der Welt gesetzt, die wiederum sich vernetzen oder verbinden. So stelle ich mir vor, das es auch ein Licht-Energie-Netz um die Erde herumgibt und sich ebenso mit dem Universum verbindet und vernetzt. Das ist für mich stimmige Logik, da die Wissenschaft betätigt, alles ist Energie. Und dadurch alles miteinander verbunden ist, auch wenn es nicht für jeden zu verstehen oder sichtbar ist. Das muss es auch nicht. Ich weiß auch nicht alles, ich kann mich nur auf meine eigene Wahrheit berufen, was sich für mich stimmig anfühlt. Das kann in einigen Jahren anders sein. Es wird immer alles geschehen, was geschehen soll zum passenden Timing des Universums.

Beweise? „Es ist wie es ist"

Ich habe keine Beweise für die Einweihung, die ich Herz-Heil-Energie genannt habe. Die Frage wäre meinerseits, ob ich diese Beweise wirklich brauche? Für wen oder was? Meine Erfahrungen, die ich machte, die Dinge die ich hinterfragte und die Antworten, die ich fand, fühlen sich für mich stimmig an. Ich habe keinen Anspruch irgendjemanden davon überzeugen zu wollen. Ich habe den Standpunkt das meine Wahrheit, nicht die der anderen sein muss. Jeder darf seine eigene, stimmige, momentane Wahrheit finden und leben. Ich kann von mir behaupten, dass ich keine „Lichtschickse" (meine Wortkreation, die ich schon immer mal schreiben wollte) bin. Ich wäge Dinge in meinem Leben genauso ab, wie auch andere es tun. Hier auf der Erde bekommen wir nicht die Flügelchen, um damit abzuheben. Meine Meinung ist, dass das Leben hier auf der Erde stattfindet, dafür brauchen wir den Boden unter beiden Füßen. Jeder kann dazu seine eigene Meinung haben, das ist völlig ok. Fakt ist, wenn die KAHI-SI & Herz-Heil-Energie Methode funktioniert und hilft, ist es doch egal wie oder warum. Es passiert etwas und meist ist es doch zum Wohle der Beteiligten.

Stelle dir folgendes vor. Wir besitzen Hundert Prozent Gehirnmasse unter unserer Schädeldecke und nun weiß die Wissenschaft, dass wir von diesen hundert Prozent vielleicht nur maximal zehn Prozent nutzen. Was ist mit den restlichen Neunzig Prozent? Ist es gut oder nicht so gut, dass wir keine hundert Prozent nutzen können? Was wäre alles möglich, wenn wir es voll ausschöpfen könnten? Vielleicht gab es ja mal eine Zeit, in der der Mensch es ausschöpfen konnte. Was wissen wir? Können wir es beweisen? Dazu sollte sich jeder seine eigene Meinung bilden.

Unser Kopf oder das Gehirn, unser EGO möchte es gerne verstehen und es wie in einem gut sortiertem Regal ablegen. So versuchen wir es zu erkunden, was es alles da draußen in der großen weiten Welt gibt, was Anderen vielleicht ebenso geschieht, um die Möglichkeit zu haben es abzugleichen, zu verstehen und plausible Erklärungen zu finden. Aber beweisen können wir es immer noch nicht. Also begnügen wir uns mit dem, was gerade möglich ist und machen unserer Erfahrungen damit, die unsere eigenen Beweise darstellen. Meine Erfahrungen zeigen mir immer wieder durch Gespräche oder Informationen, wie z.B. aus der Literatur, dass es verschiedene oder ähnliche Energie-Übertragungen gibt, aber jeder sie persönlich und passend, fast wie zugeschnitten erlebt. Erst durch die vielen kleinen Reaktionen und das Zusammenfügen, wie bei einem Rezept mit mehreren Zutaten, ergibt sich das fertige Gericht. So begebe ich mich geduldig in den Finden-Modus, um die Zutaten, die wichtig sind, mit der Zeit zusammenzusammeln, zu verbinden, wirken zu lassen und gegebenenfalls immer wieder etwas zuzufügen, zu verändern, bis es passt und schmeckt. Braucht es Veränderung oder eine Erweiterung, wird sich die passende Zutat schon zeigen und ich brauche sie nur noch zufügen, damit eine neue, zusätzliche Wirkung eintreten kann. Jeder kocht ein und das gleiche Rezept auf seine eigene spezielle Art, und so wird es eben auch schmecken. Auch schmeckt jeder etwas Anderes, was einem über die Zunge rutscht, heraus.

So versuchte auch ich allesmögliche herauszufinden, was mein Geschenk aus der Geistigen Welt ist. Ich wollte die Zutaten wissen und wie das Rezept dann schmecken sollte und es vielleicht noch abschmecken und weitere Zutaten zufügen. Statt mir einzugestehen, dass meine bisherigen Zutaten genau die richtigen sind, die ich bis zum heutige Tag nutze für mein Gericht. Es schmeckt jetzt genauso, wie es jetzt schmecken soll. Sollte es einer Verfeinerung benötigen, wird es sich zeigen.

So löse ich mich von dem Druck und lasse einfach los, warte nicht, sondern lebe das, was gerade da ist. Es ist ausreichend für genau diesen Zeitpunkt und das ist gut so. So rühre ich erst einmal alles zusammen und lasse es ziehen, damit der Geschmack und deren Wirkung sich entfalten kann.

Was hat es mit der KAHI-SI & Herz-Heil-Energie Fern-Anwendung auf sich?

Ich selbst kann, wie viele andere Menschen in dieser Welt auch, an Dingen zweifeln. Ich denke, das ist in mancherlei Hinsicht auch wirklich gut. Ich muss nicht alles glauben, was da draußen in der Welt so passiert. So durfte ich zu meinem Glück eigene Erfahrungen machen und meine vorhandenen früheren Zweifel selbst ausräumen. Aber sein wir mal ehrlich, es hätte wohl auch kein anderer geschafft, denn es war ja meine eigene Wahrheit bis dahin, und diese kann ich nur selber durch erlebte Erfahrungen verändern. So kam es, wie es kommen musste, in meiner großen, kleinen persönlichen Welt. Ich wurde vom Leben belehrt und dazu brauchte es nur seine Zeit und auch meine Zeit. Mittlerweile gibt es da draußen Wissen, was uns ermöglicht sogenannte „Felder" zu aktivieren, wie die bekannten morphogenetischen Felder (Rupert Sheldrake). Auch ich arbeite mit energetischen Feldern, innerhalb der von mir entwickelten Intuitiven-Aufstellungen. Wir wissen, dass Energie der Aufmerksamkeit folgt und so fand ich folgendes für die KAHI-SI & Herz-Heil-Energie Methode heraus.

Die „Herz-Heil-Energie-Fern Einweihung" & „KAHI-SI-Herz-Heil-Energie Fern Anwendung" kommt hier ohne Hilfsmittel, in Form von Formeln und Symbolen, aus. Auf was ich hier deutlich hinweisen möchte ist, dass nicht gleich jeder sich hinsetzt und sich über das Zeit-Raum-Gefüge hinwegsetzt und los energetisiert, was das Zeug hält. Es ist wichtig und auch respektvoll sich die Erlaubnis des Empfängers einzuholen oder auf die Anfrage an dich, ob du mit der Methode unterstützen würdest, schon die Erlaubnis bekommst. Keiner möchte hinterher gerne erfahren, dass man dieses oder jenes mit einem gemacht hat, auch auf der energetischen Eben nicht, dies wäre eine Grenzüberschreitung und Manipulation an jemand anderen. Es wird vielleicht etwas durchgeführt, weil man selbst es nicht erträgt, dass es jemand anderen im eigenen Umfeld vielleicht schlecht geht. Aber es ist zu bedenken, dass jeder das Recht hat gesund, wie auch krank zu sein, somit auch seinen eigenen Heilungsweg, mit den eigenen gewählten Heilmethoden, gehen darf. Das ist eben der freie Wille eines jeden Menschen, was zu akzeptieren ist. Du würdest es selbst auch nicht wollen, wenn jemand an dir eine Technik oder Methode durchführt, von der du noch nie etwas gehört hast oder bei der du an der Wirkung zweifelst. Wie würdest du dich fühlen? Die Antwort ist wohl einfach zu erraten.

Bei Menschen die nicht kommunizieren können, wie z.B. da sie im Koma liegen, noch viel zu klein sind, um sprechen zu können oder aus anderen Gründen, ist es hilfreich sich mit dem „Höherem Selbst" des Empfängers, vor einer KAHI-SI & Herz-Heil-Energie Anwendung, in Verbindung zu setzen, um die Erlaubnis einzuholen und darauf zu achten, ob es eine positive Antwort oder ein positives Gefühl gibt, das dir die Erlaubnis gewährt, hier zu unterstützen. Auch die KAHI-SI & Herz-Heil-Energie Methode sollte nur zum Wohle aller Beteiligten eingesetzt werden. Vertrauen wir dem Prozess der Energie mit all seinen universellen Gesetzen, wissen wir, es wirkt nur, was wirken soll. Manchmal wirkt nichts oder nur sehr wenig, dann bedarf es eben vielleicht noch einer anderen Erfahrung, weiteren Anwendungen oder einer weiteren Erkenntnis, um auf dem Heilungsweg zu sein.

Wir können nicht alles schwuppdiwupp weg energetisieren, egal mit welcher Methode gearbeitet wird.

Dazu gehört schon mehr. Vielleicht wird es irgendwann einmal soweit sein, dass dies möglich wird, wer weiß das schon, es ist nicht Morgen, sondern Heute und es gibt nur das JETZT.
Als KAHI-SI & Herz-Heil-Energie Anwender wirst du vielleicht lernen oder gelernt haben, die Energien wahrzunehmen, er-warte das nicht von dem Empfänger, der eine Anwendung bekommen hat, da kannst du sehr oft lange drauf warten, warten und warten. Energien fließen auch, wenn der Empfänger nichts von dem bewusst verspürt. Da diese Energie sanfter und tiefer zu wirken scheint, ist es nicht immer wahrnehmbar, das ist auch völlig in Ordnung. Vertraue auf den Prozess des Tuns und bleibe im eigenen Sein. Analysiere und bewerte es nicht, denn Energien machen, was sie sollen. Diese Energien wissen, wie, wo und warum sie sich mit dem Empfänger-Energie-Feld verbinden. Als KAHI-SI & Herz-Heil-Energie Anwender bist du nur eine Art Kanal, ohne etwas bewusst zu senden, sondern einfach geschehen zu lassen, nicht mehr und nicht weniger. Vertraue einfach darauf, dass es funktioniert.

Hier ein kleines Beispiel aus meinem Erfahrungsschatz. Ich führte meine erste KAHI-SI & Herz-Heil-Energie Fern-Anwendung durch. Ich war ziemlich aufgeregt. Ich kannte ja nur die Fern-Reiki Anwendung, wo ich erst einmal mit Hilfe eines Reiki Symbols ein Feld für die Zeit und Raum Überwindung aufbaue, um die Energien zu Empfänger zu senden. Aber ich versuchte bei der KAHI-SI & Herz-Heil-Energie Fern Anwendung mir nicht so sehr darüber den Kopf zu zerbrechen und vertraute dem was sein darf. Was sollte schon geschehen, im besten Fall gar nichts. So ließ ich mich auf das Experiment ein. Die Empfängerin die in Oberfranken zuhause war, und bereitwillig sich gemütlich in ihren Sessel bequemte, war bereit, für das was kommt. Dazu sei noch zu erwähnen, dass sie schon eine persönliche Herz-Heil-Energie Einweihung 2015 von mir erhielt und in etwa wusste, auf was sie sich einließ. Ich stand hier in Zossen, in meiner Praxis, „Im-Haus des Lichts", zur verabredeten Zeit. Vor mir stand meine Liege, wo sonst die Empfänger real drauf liegen. Heute war es ja anders. Die Empfängerin saß zuhause, 350 km weit weg von mir. So stand ich da und entspannte mich mit geschlossenen Augen, ging mit meiner Aufmerksamkeit in mich und stellte mir ein Lichtkanal vor, der mich mit dem Himmel, sowie der Erde verband und rief die Geistige Welt zur Unterstützung herbei für diese KAHI-SI & Herz-Heil-Energie Fern Anwendung. Ich stellte mir vor, die Empfängerin würde auf meiner Anwendungsliege in ihrer vollen Größe und Lichtgestalt vor mir liegen. Ich dachte, was soll's, mach die Anwendung so, als würde sie genau hier vor dir liegen. Gedacht getan. Ich nahm meine Hände und ließ sie ebenso innerhalb ihrer mir vorgestellten Aura mit den langsamen, fließenden und magischen Bewegungen am Vorderkörper für einige Minuten tanzen und ließ die Energie ihre Arbeit tun. Ich stellte mir gedanklich vor, wie sich die Empfängerin dann auf den Bauch legte, damit ich auch an der körperlichen Rückseite für einige Minuten behutsam die magischen Berührungen vollziehen kann. Nach einigen Minuten bedankte ich mich mental bei allen Beteiligten für diese wunderbare KAHI-SI & Herz-Heil-Energie Fern-Anwendung und beendete mit einem entspannten und tiefen Herzensgefühl diese KAHI-SI & Herz-Heil-Energie Fern Anwendung.

Als wir später am Telefon sprachen und unsere Erfahrungen austauschten, erzählte sie mir, dass sie ja erst in ihrem Sessel gesessen hat und sich entspannen wollte. Sie kurze Zeit später aber das Gefühl hatte, sie müsse sich hinlegen, ohne zu wissen warum.

Was soll ich sagen, der kommunikative Austausch lehrte uns, wie wir miteinander in diesen Minuten der KAHI-SI & Herz-Heil-Energie Fern Anwendung miteinander verbunden sind. Es tat ihr sehr gut und sie genoss es in vollen Zügen für sich selbst. Auch hier ist anzumerken, dass der Heilungsprozess, der Bewusstseinsprozess oder was auch immer für ein Prozess in Gang gesetzt wird, seine Zeit braucht um die Wirkung zu entfalten, die der Empfänger benötigt oder wofür er reif ist.

Was hat es mit der Herz-Heil-Energie Fern-Einweihung auf sich?

Wie verhält es sich nun mit der Herz-Heil-Energie Fern-Einweihung? Ja, da machte ich mir so einige, bis etwas mehr, naja, schon sehr viele Gedanken. Auch hier ergab es sich durch meine Arbeit und Erfahrung mit der Reiki-Methode und als Reiki Lehrerin, das es wohl auch Fern-Einweihungen innerhalb der Reiki Szene gibt. Und man darf mir glauben, ich war mir da nicht so sicher wie das funktionieren sollte. Der Zweifel ließ grüßen und das dauerte an. So war ich mir nun hier auch nicht sicher, wie das mit der Herz-Heil-Energie Fern-Einweihung funktionieren sollte und mein EGO schickte mir den Zweifel in meinen Kopf. Heute weiß ich, alles ist möglich. So räumte ich die vorhandenen Zweifel beiseite, denn es gibt das Wissen über aktivierte Felder und es ist auch nicht ausgeschlossen, dass es funktioniert, wie ich heute weiß. Ich selbst würde aber immer eine persönliche vor Ort Einweihung vorziehen. Es gehört eben mehr dazu, als mal schnell was zu machen, egal in welcher Methode auch immer es ist. Wer schon eine oder mehrere persönliche Einweihungen, von verschiedene Methoden durchgeführt hat und selbst tief innerlich erfahren hat, was Einweihungen mit einem persönlich anstellen, ist es bestimmt eine Möglichkeit von vielen sich zwischendurch sozusagen „aufboostern" zu lassen. So halte ich es mit der Herz-Heil-Energie Fern-Einweihung auch. Zur ersten Einweihung sollte der Teilnehmer mit seiner persönlichen Anwesenheit glänzen, da hier das theoretische Wissen, wie auch die praktische Anwendung der KAHI-SI & Herz-Heil-Energie gelehrt und geübt wird. Tauchen Fragen auf, können diese besprochen und geklärt werden. Auch finde ich es wichtig, dass es nach einer Ausbildung möglich sein sollte, bei Bedarf offenen oder neuaufkommende Fragen Antworten parat zu haben. Ich vergleiche das gerne mit folgendem Beispiel: Ich lese zwar ein Buch mit einer Geschichte, also 100 % und wenn ich das Buch ausgelesen habe, kann ich froh sein eine kleine Inhaltsangabe zu geben, aber das sind dann keine 100% mehr, sondern vielleicht nur noch 10%. So ist es auch bei Ausbildungen. Soviel Wissen in Theorie und Praxis ist für den Moment gefühlt einfach, aber einige Zeit danach hat man schon einiges wieder vergessen oder irgendwo im Kopf abgelegt, als nicht ganz so wichtig, für den Moment. So kommen dann irgendwann Fragen auf, die gestellt werden dürfen und beantwortet werden sollten. Wie hörte ich erst letztens: Eine Ausbildung heißt: Aus der Bildung raus zu sein.

Hier wieder etwas aus meiner Erfahrungs-Schatz-Kiste. Ich vereinbarte mit der einzuweihenden Empfängerin einen Termin für die Herz-Heil-Energie-Fern-Einweihung. Sie ist wieder bei sich zuhause in Oberfranken, ich 350 km entfernt hier in Zossen, in meiner Praxis " Im-Haus des Lichts". Durch den vereinbarten Termin, konnte sie sich völlig bewusst drauf einlassen und nach innen schauen und fühlen, was in ihr geschieht, wenn etwas geschieht. Sie sollte es sich bequem machen an einem Ort, wo sie sich entspannen, wohlfühlen und alle Störfaktoren ausschalten sollte. Sie brauchte nichts tun, einfach nur sein und geschehen lassen. Das beobachten wird sich meist automatisch einschalten, da der Verstand ja nicht weiß, geschweige kontrollieren kann, was in dem Moment, den nächsten Minuten geschieht. Sie sollte sich entspannt darauf einlassen, dass das, was sich zeigen möchte an die Oberfläche drängt, wie z.B. Emotionen, die nicht gleich einzuordnen sind oder körperliche Symptome, wie ein ungewöhnliches Bauch-oder Herzgefühl, Übelkeit, Zwicken oder Zwacken, im einfachsten Fall eben nichts.

Auch hier gilt, alles ist möglich. Wir vereinbarten, dass sie sich nach der Herz-Heil-Energie Fern-Einweihung melden sollte, weil sie durch ihre Entspannung noch Zeit brauchte, um wieder im Hier und Jetzt sich einzufinden.

Ich hier in Zossen, in meiner Praxis „Im-Haus des Lichts". In aller Ruhe stellte ich mich seelisch darauf ein, mich auf diese Herz-Heil-Energie Fern-Einweihung einzulassen, bzw. sie durchzuführen, mit dem momentanen Nicht-Wissen, ob es funktioniert. Zweifel tauchten in meinem Kopf auf, keine Möglichkeit sie auszumerzen, sie waren da. So sprach mein Hirn schon fast mit sich selbst, um die Zweifels-Gedanken dahin zu befördern, wo sie herkamen. Ich erinnerte mich daran, dass alles möglich ist, meine Seele nur spielen will, also spiele ich, und kam zum Endgedanken, „Tue es einfach und lasse dich überraschen". Ok, Simone bleib locker, nicht so aufgeregt, entspanne dich, was soll schon sein. Ja genau, warum, wieso, weshalb, wie, wenn usw.?
Da waren sie wieder die Sesamstraßen-Frage-Wörter. In diesem Moment total fehl am Platze. Also mal ganz ruhig und spring hinein in den Pool der „Ich weiß nicht was geschehen wird, aber es wird schon" Gedanken. So achtete auch ich darauf, dass ich ungestört meine Zeit bekam. Nahm Kontakt mit der Geistigen Welt auf und bat um die Unterstützung zum Wohle der Beteiligten. Ich wusste, das hier in dieser Welt die einzuweihende Empfängerin und ich selbst damit gemeint waren, aber was die Geistige Welt angeht, weiß ich nicht wer da noch so alles seine

Geistfinger im Spiel hatte. Aber ich vertraute darauf, dass dieses „Spiel" ein Erfolg wird. „So lasset, die Spiele beginnen". Ich spürte, dass die Geistige Welt hier in meiner Praxis unterstützend anwesend ist, genauso wie der Lichtkanal, den ich mir vorstellte, in dem die einzuweihende Empfängerin und ich uns befanden. Ich aktivierte mental das Herz-Heil-Energie Fern-Einweihungsfeld um die Einweihung durchführen zu können. In der Vorstellung standen wir beide nun in einem Lichtkanal mit genügend Platz und völlig entspannt. Ich stellte mir vor, das die einzuweihende Empfängerin genauso vor mir steht, wie bei einer realen Einweihung und führte alle dazugehörigen Schritte genauso durch. Ich ließ mir genau so viel Zeit wie als würde die einzuweihende Empfängerin wirklich hier vor mir stehen. Als ich alles durchgeführt habe, bedankte ich mich mental bei der nun eingeweihten Empfängerin und der Geistigen Welt für dieses Tun und die Herz-Heil-Energie Fern-Einweihung. Ich löste das aufgebaute Feld und den Lichtkanal dann wieder auf und gab der eingeweihten Empfängerin die Zeit bis sie sich bei mir meldete. Jeder Mensch ist einzigartig und daher ist es immer individuell, was jemand spürt und wahrnimmt. Daher ist es nicht zu verallgemeinern. Ich kann hier nur auf die Feedbacks zurückgreifen, von den Empfängern, die mir ihre Wahrnehmungen geschildert haben.

Ein Einzuweihender kann unter Umständen etwas spüren, wie z.B. am Körper selbst, an der Medulla Oblongata, mit Sitz an der Halswirbelsäule, das sich dort vielleicht etwas regt. Ein Kribbeln, ein Druckgefühl, Wärme oder ähnliches kann spürbar sein. Ein Einzuweihender fühlt eben das was er fühlt. Daher kann ein zeitnahes Feedbackgespräch sehr hilfreich sein. Manchmal braucht es durch den angeregten Prozess auch etwas

Zeit das Geschehene sacken zu lassen und wahrzunehmen, was noch so im Innern geschieht und dieses in einem Nachgespräch zu verstehen.

Jeder darf selbst entscheiden, wie die Unterschiede von einer persönlichen vor Ort Einweihung und einer Fern-Einweihung sind. Ich vertrete hier eher, wie auch schon erwähnt, dass die persönliche vor Ort Einweihung, bei einem ausgebildeten Herz-Heil-Energie Lehrer stattfinden sollte, da es aufgrund von Wissensvermittlung der KAHI-SI & Herz-Heil-Energie Einweihung in Theorie und Praxis sehr von Vorteil ist. Das Wissen ist ein Teil der zur eigenen Weiterentwicklung beitragen kann und das Verständnis für die Methode erleichtert. Das verstehen der Zusammenhänge von bestimmten Prozessen, erleichtert auch den Umgang mit der erlernten Methode. Des Weiteren findet innerhalb der KAHI-SI & Herz-Heil-Energie Ausbildung unter den Teilnehmern ein guter Erfahrungs-Austausch statt.

Lebst du noch oder fühlst du schon?

Die einzige Konstante im Leben ist die Veränderung. Eine Veränderung geht nicht immer spurlos an einem vorbei, auch wenn es nicht immer bewusst wahrnehmbar ist. Alles ist Energie und alles ist miteinander verbunden. Das gilt für Energien und Schwingungsfrequenzen aller Art. Auch Frequenz-Schwingungen scheinen sich zu verändern und somit verändern auch wir uns, ob bewusst oder unbewusst. Oder stehst du den ganzen Tag auf einem Fleck und lässt das Leben an dir vorüberziehen? Das Leben steht nicht still. Keiner kann es anhalten.
Unsere Körper bestehen, wie alles auf und in der Welt, aus Energie. Alles hat seine bestimmte Frequenzschwingung. Der physische, wie auch energetische Körper wird durch Energien beeinflusst, d.h., dass jede Veränderung im Außen ebenso eine Veränderung im Innern bewirkt. Diese Veränderungen können zur Folge haben, dass es spürbare Anpassungsschwierigkeiten geben kann, um sich körperlich anzupassen, aufgrund der niedrigen Schwingungsfrequenz. Diese Anpassungsschwierigkeiten sind nicht immer angenehm und können im unangenehmsten Fall auch sehr schmerzhaft sein. Es gibt Menschen, die sich nur noch selbst fühlen oder wahrnehmen, wenn sie Schmerzen haben. Das ist bestimmt nicht Sinn der Sache, sich nur über Symptome, wie gerade beschrieben, so zu spüren. Der Mensch kommt doch fühlend auf die Welt, lässt sich völlig im Leben drauf ein. Es gibt Menschen die lernen, aufgrund von negativer Erfahrungen, Gefühle wegzustecken, Angst vor ihnen zu bekommen und entscheiden diese dann vielleicht nie wieder fühlen zu wollen.

So versucht man die Gefühle unter ständiger Kontrolle zu halten. Dann gibt es auch noch die Menschen, die zu viel spüren, was ebenso eine große Herausforderung bedeutet, damit im alltäglichen Leben klar zu kommen.

Wenn es um körperliche Gefühle geht, gehen wir mit einem Beispiel in die Kindheit. Kinder, vor allem die Jungs haben schon früher zu hören bekommen, „Heul nicht. Ein Indianer kennt keinen Schmerz". Warum? Der Schmerz ist auch ein Gefühl mit einer Aussage, wie es einem gerade geht, warum ihn unterdrücken?

Eine kleine Anekdote aus meiner Erfahrungs-Schatz-Kiste, warum ich den Indianer ins Spiel bringe ist, da ich vor Jahren bei einem Hausarzt hier in unserem Ort, in einem kleinen Raum saß, der sich neben der Anmeldung befand und nur mit einem Vorhang die Abgeschiedenheit vorgaukelte. In diesem Räumchen wurde meist Blut abgenommen. Ich hoffe immer auf jemanden zu treffen, der es gut hinbekommt, meine nicht sichtbaren Adern sofort und sanftmütig mit der Nadel zu treffen. Da ich selber kein Blut sehen kann, schaute ich immer in die andere Richtung, meist an die Wand, wo ein Bild hing mit einem Indianerkopf drauf. Darunter stand: „Ein Indianer kennt keinen Schmerz". Dieser Indianer drückte in mir immer meinen innerlichen „Aufregerknopf", weil, den Indianer möchte ich kennenlernen, der keinen Schmerz kennt. Haben die keine Gefühle?
Das glaube ich nicht. Die fühlen ebenso, weil sie Menschen wie du und ich sind. Den Indianer sehe ich nicht mehr, da ich mittlerweile den Arzt gewechselt habe.

Egal was wir fühlen, alles hat seine Berechtigung, es macht uns als Menschen doch aus. Jedes Verdrängen von Gefühlen und die Kontrolle auszuüben, etwas nicht zu fühlen, und schon gar nicht zu zeigen, kostet bloß Kraft und Energie und im schlimmsten Falle macht es uns auch noch Krank. Ist es das, was wir als Mensch leben wollen, ich glaube nicht. Hallo, ihr da draußen, steht zu euch, lebt all eure Gefühle, sie gehören zu euch und wollen gelebt werden.

Aus eigener Erfahrung, kann ich berichten, dass es nicht immer leicht ist mit den höher schwingenden Frequenzen umzugehen und sie authentisch zu fühlen. Manches fühlt sich leichter an, anderes schwerer und wieder anderes hält manchmal körperlich spürbar noch eine Weile an. Menschliche Emotionen sind eben vielfältig. Wenn bei mir irgendein Entwicklungsschub wieder ansteht, fühle ich es so, als wenn mein physischer Körper viel langsamer ist als meine energetischen Lichtkörper, die ja etwas höher schwingen als der physische Körper. Es fühlt sich dann an, als würde der physische Körper hinter den energetischen Körpern, wie bei einem Marathon, hinterherhechelt, völlig fertig und trotzdem ins Ziel einlaufen möchte. Das was dann im physischen Körper auf der Symptomebene so abläuft ist nicht ohne und vor allem individuell, wie z.B. mit Schwindelgefühlen, Hitzegefühle, Übelkeit, Unwohlsein, Kopfschmerzen, ein Gefühl von neben sich stehen oder den Boden unter den Füßen zu verlieren, um nur einige zu nennen.

Ich höre oft von Klienten, dass sie etwas nicht beschreiben können, weil sie es nicht fühlen, oder wenn sie etwas fühlen, es nicht beschreiben können. Aber es gibt auch Menschen, die denken, sie fühlen nichts und äußern innerhalb ihrer Kommunikation immer wieder Gefühlswahrnehmungen, sich dessen aber eben nicht bewusst sind, dass sie über ihre eigenen Gefühle sprechen. Innerhalb meiner Arbeit mit Intuitiven Aufstellungen erlebe ich es immer wieder, das Menschen denken sie können keine Stellvertreter Rolle einnehmen, sie würden nichts sagen können, da sie nichts fühlen würden. Dazu muss ich erklären, dass ich mit verdeckten Aufstellungen arbeite, d.h., dass die Stellvertreter nicht wissen, wer oder was sie sind. Darüber hat nur der Aufsteller, der sein Thema aufstellt und ich als Aufstellungsleiter das Wissen, welcher Stellvertreter in welcher Rolle sich befindet. Das kennzeichne ich, dann mithilfe von Buchstaben, die alle Stellvertreter um den Hals tragen. Ich stelle die Fragen dann immer so, dass die Stellvertreter nicht mitbekommen, wer oder was sie darstellen und sie können sich nur auf all ihre Körperwahrnehmungen einlassen und diese äußern. Dann sind sie hinterher überrascht, dass sie doch etwas fühlen und es auch noch beschreiben können, was für ein Highlight für die Stellvertreter. Es war ihnen nur nicht bewusst. Mit der Zeit und vielen Stellvertreterrollen, lernen die Teilnehmer sich selbst immer besser kennen, was sie fühlen, wie sie es beschreiben und kommunizieren. Das hilft ihnen in ihrem alltäglichen Leben innerhalb der Kommunikation mit anderen Menschen in ihrem Umfeld. So kann ich nur sagen, das Leben einfach nur zu leben reicht nicht, aber ein Leben zu leben mit so vielen Gefühlsmöglichkeiten ist lebens- und liebenswert. Es macht das Leben vielfältig und spannend.

Der Weg zur Herz-Heil-Energie über andere Energie-Einweihungen

Durch die vielfältigen Methoden in dieser Welt kann ich nur auf meine eigenen Erfahrungen zurückgreifen, die ich durch die Reiki-Methode, nach Mikao Usui, die ich 1996 kennenlernte und mich darauf hin einweihen ließ, vertiefte, und seit 1999 als Reiki-Lehrerin praktiziere. Ich habe in den Jahren sehr viele Menschen kennengelernt, die sich in den bekannten Reiki-Graden haben ausbilden lassen. Durch Reiki Einweihungen wird die Verbindung zur universellen Energie wieder bewusst aktiviert und wirkt auf der Körper-Geist-und Seelen-Ebene. Der Umgang mit der Reiki Energie, egal ob mit sich selbst oder Anderen, bedeutet auch, sich auf den Veränderungsweg im Inneren, wie auch im Äußeren zu begeben. Im Äußeren wird es oft daran festgemacht, weil es gesehen oder erlebt wird. Auch das Innere bewegt sich mit der Reiki Energie. Es braucht eben alles seine Zeit, da jeder Mensch sein eigenes Tempo, seinen eigenen Lebensweg und eigene Lebensaufgaben hat.

Die Herz-Heil-Energie Einweihung und der dazugehörige Weg ist nach bisheriger Erfahrung ebenso tiefgründig und wirkt auf der Körper-Geist-und Seelen-Ebene. Diese Energie ist gefühlt sanfter, für manche mehr oder weniger an der Oberfläche spürbar, daher ist diese Energie nicht zu unterschätzen. Ich schätze die Reiki-Energie ebenso wie das, was sich hier mit der Herz-Heil-Energie gerade ins Leben einen Weg bahnt. Ich möchte hier darauf hinweisen, dass nicht die eine oder andere Methode die beste ist, ich bin überzeugt davon, dass es immer wieder neue Methoden geben wird, die einen weiterbringen können. Jeder wird das finden, was für ihn gerade in diesem Moment wichtig ist, egal wo er sich gerade befindet. Worüber jemand auch gerade stolpern mag, es sollte hingeschaut und etwas Gutes für sich daraus gemacht werden. Ist der Weg der Veränderung erst einmal eingeleitet, heißt es entweder vor zu laufen, zurück zu gehen oder stehen zu bleiben.

Der Veränderungsweg oder besser gesagt der Ent-Wicklungs-Weg mancher Menschen verläuft oft so, dass sie ihren eigenen Weg sehr schnell gehen, manche überspringen gerne einige Schritte und entgehen somit Teilerkenntnissen, um schnell ans Ziel oder Lösungen zu gelangen. Andere gehen einige Schritte vor und Unbewusstes hält sie wieder zurück, so dass sie wieder Rückschritte machen und in alte Muster zurückfallen. Alles dauert eben seine Zeit. Wiederum gibt es Menschen, die ihre ersten Schritte sehr schwer gehen und mit der Zeit spürbar erfahren, dass die Hindernisse von Schritt zu Schritt und von Erkenntnis zu Erkenntnis leichter und evtl. schneller lösbar werden. Ach ja, dann sind da noch die Menschen, die ihre Hinweise dauernd präsentiert bekommen und diese erst mit der Zeit und mehreren Anläufen umsetzen, um weitere Entwicklungsschritte einzuleiten. Die Herausforderungen werden mit der Zeit und von Mal zu Mal einfacher angenommen. Das spürt sich leicht an, es kann Spaß machen, den Lebensweg mit Freude zu gehen. Das macht vieles enorm einfacher und dann wollen wir unbewusst mehr davon, weil es sich so gut anfühlt.

Nach dem Resonanzgesetz werden weitere Herausforderungen mit dem unsichtbaren innewohnenden Magnet angezogen, einfacher gelebt und weitere werden den Weg kreuzen. Das Resonanzgesetzt besagt: „Wie Innen, so Außen und wie Außen, so

Innen". Betrachten wir es objektiv, können wir erkennen, was sich da draußen und auch im eigenen Innern so abspielt, wie der Hase so läuft im Leben. Das Erkennen ist schon eine Menge wert. Passt es dann gerade nicht in den eigenen Plan, dann treffe eine Entscheidung, aber sei dir im Klaren darüber, dass jede Entscheidung auch Konsequenzen beinhaltet, die zu tragen und zu akzeptieren sind. Gefällt dir deine Entscheidung mit den dazugehörigen Konsequenzen nicht, wo ist das Problem, dann triff eine neue Entscheidung. Vielleicht ist die besser, einfacher oder was auch immer. Aber tu was. Tust du nichts, bringt es dich nicht weiter. Keine Veränderungsstrategie und keinen Entscheidungswillen im Kopf, kann dich nur wieder zurückwerfen, in das was du kennst, deine alten Muster, darin suhlst du dich dann, wie ein Tier am Schlammloch und ärgerst dich hinterher, das du wieder da gelandet bist, obwohl du da wegwolltest. Also schlüpfe aus dem Schlammloch, frage dich selbst, was du willst und was du dazu alles brauchst, was du dafür vielleicht entwickeln musst, um es umzusetzen, um vorwärts zu kommen. Das Alte ist man gewohnt, das Neue ist oft unbekannt. Aber war nicht auch das Alte, gewohnte schon irgendwann einmal unbekannt, bevor du es zur Gewohnheit hast werden lassen? Unbekanntes Terrain macht uns oft Angst, die meist völlig unbegründet ist. Ist sie begründet ist es hilfreich sich Unterstützung zu holen, um aufzudecken, warum es eben daran hackt.

Reiki, kam zu einer Zeit in die Welt, dank M. Usui, wo es gut und wichtig war und auch immer noch ist und sein wird. Vielleicht ist die Reiki-Methode daher für viele auch eine wunderbare Art von „Einstiegs Energie", die durch den Ersten Reiki Grad überwiegend auf das körperliche beschränkt ist, damit das

Fühlen lernen wieder einen wertschätzenden Stellenwert bekommt im Leben. Durch den Zweiten Reiki Grad, werden drei Reiki-Symbole gelehrt, wobei ein Reiki-Symbol für die Überwindung des Raum-und Zeitgefüges benutzt wird, um Energien in die Ferne weiterzuleiten und die Reiki-Energie fließen lassen zu können. Die Verantwortung beim Zweiten Reiki Grad ist ein wichtiger Bestandteil, sowie das Arbeiten mit den zur Verfügung stehenden drei Reiki-Symbolen. Vieles funktioniert hier mithilfe der Symbole viel schneller und es kann sehr experimentierfreudig im Alltag eingesetzt werden. Die Arbeit mit der Reiki-Energie ist sehr hilfreich und unterstützend in vielen Bereichen des Lebens. Den dritten Grad, den Reiki Meister Grad absolvieren schon weniger Menschen, als den Zweiten Reiki Grad. Meiner Meinung und Wahrnehmung nach birgt der Meister Grad eine sehr viel intensivere Herausforderung mit sich selbst. Der Fokus richtet sich nun darauf sich selbst näherzukommen und sich ebenso wichtig sein zu dürfen. Es ist ein Weg der Inneren Meisterschaft und ein eigener persönlicher Prozessweg. Nicht ohne Grund zählt die Reiki-Methode zur Volksheilkunst Nr.1 in der Welt. Aber ich möchte hier nicht zu weit ausholen, sonst wird es doch noch ein Reiki Buch, das war nicht mein Plan, aber es gehört eben auch zu mir und meinem Leben.

Ich danke dem Universum, dass sie das KAHI-SI & Herz-Heil-Energie Paket zur richtigen Zeit hier in meine vorerst persönliche Welt versendet haben und es nun nach fast drei Jahren Erkenntnis-Sammlung, um die eigene Gebrauchsanweisung, dieser Methode, zu beschreiben, bereit ist, allein oder auch zusätzlich zu jeder anderen Methode eingesetzt werden zu können. Alles ist doch möglich, so auch das hier.
Eins sei hier an dieser Stelle noch zu erwähnen, ich werde hier

in diesem, meinem ersten Buch, keine genaueren Angaben zum inhaltlichen Ablauf in die Herz-Heil-Energie Einweihung machen. Vielleicht wird es mal ein weiteres Werk darüber geben, wer weiß das schon? Die Geistige Welt vielleicht schon, ich noch nicht. Ich bin dafür, hier ersteimal die KAHI-SI & Herz-Heil-Energie Methode vorzustellen, und mir dazu alles von der Seele zu schreiben, was ich im Moment dafür richtig und wichtig finde. Mit der Veröffentlichung startet auch die Möglichkeit die Basics 1 & 2 zur KAHI-SI & Herz-Heil-Energie Methode zu erlernen. Auch wenn es in den Ausbildungen zu den jeweiligen Basics schriftliche Unterlagen geben wird, kann auch dieses Buch hier als Quelle zusätzlichen Wissens dazu gezogen werden.

KAHI-SI & Herz-Heil-Energie und der Glaube

So, da haben wir es wieder, die Sache mit dem Zweifel, die Gedanken ob es alles so richtig ist, dass man daran glauben muss, damit diese KAHI-SI & Herz-Heil-Energie auch funktioniert. Alte Glaubenssätze, die einen behindern, etwas zu probieren und zu beobachten, was es mit einem macht, wenn es probiert wird. Ich habe in den vielen Jahren von so mancher Methode gehört, über die ich innerlich schon etwas schmunzeln musste. Doch heute es zu akzeptieren gelernt habe, dass es für diese Menschen, die ablehnend über die verschiedenen Energie-Methoden denken, ihre persönliche Meinung und Wahrnehmung ist. Egal ob durch eigene Erfahrung oder durch Hörensagen. Aber mal ehrlich, es sollte sich jeder selbst Fragen mit was er „Glaubt?"

Ich bitte aber eins zu bedenken und weiter zu hinterfragen. Wenn wir all diese Energie-Methoden da draußen, in der Welt, haben und anwenden, wieso lieben Tiere es so sehr und springen darauf an. Was ist mit den Babys, die sich noch nicht kommunikativ äußern können. Glauben die daran? Also noch einmal meine Frage, mit was glaubst du?

Nun sitze ich hier vor meiner Tastatur und höre die Antworten schon, weil ich es gewöhnt bin und es schon automatisiert ist. Nach etwas überlegen, da die Frage nicht so geläufig ist, kommen die meisten schon dahinter, dass sie mit dem Verstand, mit ihrem Kopf denken, dass der Glaube daher stammt. Aber wie ist das verstandesmäßig erklärbar?

Ok, los geht's, egal mit welcher Energie-Methode gearbeitet wird, stellen wir uns vor, wir würden bei einem Hund, Katze oder sonstiges Tier, gerne eine mögliche Energie-Methode anwenden, dann stehen wir nicht wirklich vor dem Tier und sagen ihm, es muss aber daran glauben, dass diese Methode funktioniert, das es wirkt oder sonst etwas, vielleicht noch mit dem erhobenen Zeigefinger vor dem Tier hin und her fuchteln. Es ist bekannt, dass Tiere nicht der menschlichen Sprache mächtig sind und wäre ich das Tier, würde ich vermutlich denken, „Was soll das, was ist das „daran glauben?", mach einfach. Ich spüre, dass es mir guttun würde, aber fang an. Ich melde mich oder mach mich schon bemerkbar, wenn ich keinen Bock mehr habe. Ich gehe dann, wirst du schon sehen". Das gleiche gilt für die Säuglinge. Tiere und Babys handeln aus ihrem Instinkt heraus. Sie nehmen auch bestimmt viel mehr wahr, als dass es uns je bewusst sein wird.

Warum trauen wir ihnen nicht, achten auf ihre Körpersprache und machen unsere Erfahrungen damit. So stellen wir fest, der Glaube hat damit nichts zu tun. Nun sind es aber hauptsächlich Menschen, mit denen wir arbeiten und viele von ihnen brauchen ihren Glauben eben. Daher ist der bekannte Satz „Der Glaube kann Berge versetzen" nicht weit hergeholt. Die Menschen, die diesen Satz verinnerlicht haben, sollten ihn ruhig als Unterstützung sehen. Für mich kann er auch bedeutet „Alles ist möglich". Ich möchte damit nur sagen, dass der Glaube nicht wichtig ist, aber er trotzdem unterstützen kann und wird, wenn der Mensch es braucht. Ich denke, es ist beides zu akzeptieren, es schließt die Wirkung einer Energie-Methode nicht aus.

Meiner Ansicht nach kann ich sagen, das die KAHI-SI-& Herz-Heil-Energie auch an keine Weltanschauung oder Religion gebunden ist. Energie ist frei und jeder Mensch hat die Möglichkeit, eine eigene Verbindung zu diesen Energien zu finden, ob nun mit oder ohne an etwas zu Glauben.

Körperarbeiter & Lichtarbeiter

Vielleicht bist du ein Lichtarbeiter, ein Körperarbeiter, ein Heiler, hast einen pädagogischen, medizinischen Beruf oder wachst gerade auf und interessierst dich für bestimmte spirituelle Themen und liest diese Zeilen hier mit deinen Augen, weil sie dich aus irgendwelchen Gründen angezogen haben. Ich weiß es nicht, aber du schon. So freue ich mich darüber, dass du diese Zeilen bis hierher schon gelesen hast.

Für den Personenkreis, die schon auf ihrer persönlichen spirituellen Autobahn unterwegs sind und die verschiedenen Ausfahrten zu ihren spirituellen Zielen nehmen, ist es nicht immer leicht sich über all die Fahrspuren navigieren zu lassen. Da verpasst man schon mal eine Ausfahrt und muss einen Umweg in Kauf nehmen, aber vielleicht ist genau dieser der bessere Weg, weil es eben auf diesem Teilstück noch etwas gibt, was am Straßenrand steht, sehr anziehend aussieht und es wert ist, anzuhalten und es mitzunehmen, bevor es dann wieder in die richtige Richtung geht. So ist es hilfreich mit offenen Augen durch die Welt zu fahren, zu laufen oder zu spazieren und all die eigenen Sinne scharf zustellen und die Wahrnehmung zu schulen.
Da die Wahrnehmung das eine ist, sollte nicht vergessen werden, wie wichtig auch das Fühlen ist, was aber meist die Berührung voraussetzt, wenn wir von dem körperlichen Fühlen ausgehen. In der heutigen Zeit, die schon schnelllebig genug ist, dass wir wie auf der Autobahn mit 130 Km/h schnell fahren, und rechts und links kaum etwas wahrnehmen, geschweige fühlen, ist dieses schon eine alltägliche Herausforderung. Jedes auf die

Bremse treten, macht uns zum Kampfhahn, weil es einem nicht schnell genug geht. Weil der Mensch so gut wie keine Zeit hat usw. Was haben wir da verlernt? Aus der etymologischen „Muße" ist nach vielen Generationen das „Muss" geworden. Wo hat da die Ruhe, die Zeit, die Leichtigkeit im Leben ihren Platz?

Jetzt höre ich es genau, und ich kann es bestätigen, weil ich es selbst benutzt habe, „Ich habe keine Zeit" für..., um... dies und jenes zu tun und bla, bla bla. Na kommt es dir bekannt vor? Wir sollten wieder Wert auf die Muße legen, vielleicht etwas meditieren, sich massieren lassen, uns vielerlei Entspannungstechniken zuwenden, alles was auch die Körperarbeiter & Lichtarbeiter aus den verschiedenen Bereichen so anzubieten haben. Auch die Langeweile haben viele nicht mehr drauf. Lasst die Beine und die Seele baumeln, im nichts tun und einfach Sein.
Da draußen laufen Menschen herum, denen die Lebensfreude echt abhandengekommen ist. Entweder haben sie diese auf der Autobahn, wie eine Kippe mitten in der Fahrt aus dem Fenster geworfen, oder sie wurde im Kofferraum unter all dem Kram, der darin liegt, verstaut, und hat mit der Zeit verlernt, wie sich Lebensfreude überhaupt anfühlt, da sie im Dunkeln liegt. Los, krame sie wieder vor, das Leben ist es Wert sich selbst, dem eigenen Umfeld die Lebensfreude zuteilwerden zu lassen, die ein natürlicher Teil von jedem ist.

Erzeuge das Feld der Lebensfreude und wälze dich darin. Im ureigenen energetischen Feld ist die Energie der Lebensfreude abgespeichert, du brauchst sie nur wieder aktivieren. Frage dich, was du dazu brauchst, was du vielleicht entwickeln musst, um diese Lebensfreude wieder zu leben. Schaffst du das nicht alleine, dann suche dir menschliche Körper-oder Lichtarbeiter, die dich dabei unterstützen können. Du bist es wert Lebensfreude in allen Lebensbereichen zu leben und selbst die Lebensfreude zu sein. Nur Mut, es funktioniert und ich weiß, dass es Spaß macht so zu leben. Also leg los.

Die Seele in dir

Da ich an die Reinkarnation (Wiedergeburt) der Seele glaube, diese Seele mehr als einmal geboren wird, habe ich meine eigene Erklärung für das Seelen-Leben. Bevor die Seele sich ihren eigenen Erlebnis-Rucksack packt für einen Lebenstrip in dieser Welt, spielt sie in ihrer noch körperlosen Welt alles was ihr so Spaß macht. Alles darf sein und ist wie es ist, Hauptsache es macht Spaß und bringt Freude. Ha, da war sie wieder die Lebensfreude, nur eben noch ohne Leben auf der Erde. Wenn die Seele aus ihrem Spaß heraus wieder bereit ist einiges zu lernen, zu entwickeln, zu erfahren und zu erfüllen, werden die Seelen-Verträge und Seelen-Deals, mit den passenden weiteren Seelen, dazu eingegangen und besiegelt. Die Seele wird bei passender Zeit-Synchronizität still und doch innerlich hörbar auf die Erde gerufen. Alle Seelen-Familienangehörigen warten schon unbewusst auf den, noch kleinen Seelen-Menschen. Die schon inkarnierten Personen hier auf der Erde haben meist wieder vergessen, dass da noch einige Seelen-Deals lauern, die es zu erfüllen gilt. Die Seele inkarniert mit der Zeugung und gleitet wie auf einer Kinderrutsche ins Nest, um sich dort für die nächsten Monate gemütlich und heimisch einzurichten. Hier hat die Seele, in ihrem kleinen Menschenkörper Zeit in den eigenen Erlebnis-Rucksack zu schauen, alles auszupacken und sich vorzubereiten, was da noch vielleicht auf sie zukommen könnte. Da gibt es schöne und nicht so schöne Themen, die aus den verschiedensten Gründen wichtig sind für die kleine Seele. Themen, die z.B. aus der Generationenlinie, der Ahnengeschichte mitgetragen werden, Erfahrungen, Talente, Fähigkeiten vielleicht aus vergangene Leben, egal ob sie im Guten oder im Schlechten, als

Täter oder Opfer angewandt und gelebt wurden. Wenn die Seele alles, was in ihrem Rucksack sich befindet, angesehen hat, wird ihr so manches nicht mehr gefallen. Sie verstaut schnell alles wieder und denkt nicht mehr daran, verdrängst es so gut sie es eben kann und konzentriert sich auf das, was sie in ihrem Nest wahrnimmt, fühlt und hört. Am Anfang hat die Seele noch die Möglichkeit den Vertrag zu lösen und wieder nachhause, auf

Wolke Nummer drei, vier und hundertfünfzig zu gehen, weil sie vielleicht noch etwas Zeit braucht oder sie motiviert sich selbst, dass sie die Kraft hat, dass alles zu schaffen im göttlichen Selbstvertrauen der bedingungslosen Liebe. Bis der Tag kommt, dass sie das Licht der Welt erblickt, in den Armen ihrer Eltern liegt und liebevoll begrüßt wird. Die Seele ist zu Anfang ziemlich abhängig von den erwachsenen Menschen in ihrem Umfeld, damit sie Nahrung und Zuwendung geschweige genug Aufmerksamkeit bekommt. Die kleine Seele, mit ihrem kleinen Körper liebt ihre Eltern bedingungslos, weil sie ja nichts Anderes kennt, außer der bedingungslosen Liebe, sie vertraut ihnen und glaubt ihnen alles. Irgendwann kommt die immer größer werdende verkörperte Seele in ein Alter, wo sie erkennt, dass da was nicht stimmen kann, das eben für sie nicht alles stimmig ist. Sie hinterfragt mit der Zeit immer mehr, versucht ihre eigene Wahrheit zu finden und versucht diese dann anderen Menschen überzustülpen, meist mit geringem Erfolg oder/ und zu manipulativen Zwecken. Irgendwann erkennt die zu Mensch gewordene Seele dann, dass es so nicht weitergeht, sich als Menschen-Seele in Selbstreflektion näher zu betrachten oder mit professioneller menschlicher Hilfe es besser verstehen lässt, in der Hoffnung den Fehler zu finden, stattdessen hofft die Menschen-Seele, dass es da noch mehr geben muss in der Welt, und entwickelt sich aus ihrem Inneren heraus, mit viel Aufwand, Arbeit an sich selbst, mit Schmerz und Freude und viel, viel Zeit, bis sie anfängt es nach außen zu leben, Stück für Stück, immer Lernbereit ist und bleibt.

Menschen, mit denen sie als Seele im Himmelreich, einen Seelendeal eingegangen ist, mögen sich oder eher nicht. Das gehört als wichtige Erfahrung zum Leben dazu. So drückt die Menschen-Seele, wie auch alle anderen Milliarden Menschen-Seelen hier in der Welt genauso die Themen-Knöpfe bei anderen Menschen, wie auch jede Erden-Seele selbst lautlos danach schreit, dass die Seelen-Menschen auch ihre Themen-Knöpfe drücken, damit sie in die Themen-Prozesse hineinrutschen, was wäre es sonst wert so zu lernen. Wäre alles immer nur supi, schön, wundervoll, heiter und traumhaft, würde es keine Entwicklung für jede einzelne Seele geben. Also ein Halleluja auf die Knöpfe-Drücker & Erfüllungshelfer, die sich hier eingefunden haben, um sich gegenseitig zu dienen. Die Menschen-Seele, bestückt mit einem Körper, hier auf dieser Erde, findet heraus, dass es wohlmöglich ein scheiß Seelendeal ist und erkennt, dass sie als Seelen-Mensch selbst alles genauso wollte, das dies die Dinge sind, die sie selbst in ihrem Erlebnis-Rucksack gelegt hat, und sie am liebsten auf die anderen wütend wäre, statt auf sich selbst und somit lernt, das es doch z.B. ihre selbstkreierte Wut ist und der andere Seelen-Mensch ihr eben nur einen Seelen-Deal erfüllt hat und somit aus Seelen-Liebe heraus zum Erfüllungshelfer wird, was für eine coole Seelen-Erkenntnis.

So, und nun? Im Normalfall ganz einfach, stelle dir jetzt vor es geht um dich, du bist eine Menschen-Seele von den Milliarden Menschen-Seelen, die hier auf der Erde herumwandeln. Du bist ebenso eine Seele mit einem Körper, diesmal eben einen

menschlichen Körper. Jede Seele eines Menschen kommt mit seinen eigenen Lebens-Erfahrungs-Themen hier auf die Erde in das Leben, dazu zählt auch, das wir als Mensch seit Generationen aus den verschiedensten Gründen z.B. von einigen Dingen, Personen, Themen oder ähnliches getrennt haben oder wurden. Die Seele speichert alles ab, ja wirklich alles, nichts kann wirklich vergessen werden. Daher weiß die Seele, was Ganzheit ist. Die Erinnerung, und dass damit verbundene ursprüngliche Gefühl verbindet die Seelen wieder mit allem.
So kann Neues entstehen, Ganzheit und Heilung geschehen für sich selbst und die Welt.

Willkommen in der schnelllebigen Zeit, der fortgeschrittenen Technik und des Funktionierens! Innerlich wissen die meisten, dass da was nicht stimmt, dass etwas verändert werden sollte und es tausende von Gründen gibt es nicht zu tun. Jeder hat die Kraft und auch die Energie zum Verändern, zum Umsetzen der eigenen Ziele. So kann auch die KAHI-SI & Herz-Heil-Energie Einweihung eine Möglichkeit sein, um diese hilfreich einzusetzen. Diese Energie wurden doch nicht ohne Grund hierhergeschickt. So kann es hilfreich sein sich darauf neu einzustimmen, sich dem Prozess der Schwingungserhöhung und der Entwicklung hinzugeben, zu üben, zu experimentieren, weitere Erfahrungen zu machen. Was für eine tolle Herausforderung.

Heilung

Was ist Heilung? Wo gehört Heilung hin? Das Wort ist in vielerlei Hinsicht draußen in der Welt zu finden und jeder hat seine eigene Begründung dafür, ob, wie und wer es benutzen darf. Ich selbst stelle hier die Selbstheilung in den Vordergrund. Ich bin für mich selbstverantwortlich alles dafür zu tun das ich heil im Innern, wie auch im Äußeren bin. Natürlich liegt das immer im Auge des Betrachters, keine Frage. Nicht jedem gefällt, was er so sieht. Ich bin alt genug, dass ich weiß, dass ich in diesem, meinen Körper stecke, egal ob er mir passt oder nicht. Ja, er hat immer die passende Größe, egal ob es mir gefällt oder nicht. Zu ändern gibt es doch immer was. Aber darum geht es nicht. Was ich meine ist, ich tue alles, was mir möglich ist und gebe mein Bestes, das es mir so gut geht, wie es eben geht. Das ist in meinem Alter nicht immer einfach, aber ich kann versuchen mein Bestes zu geben. Einiges funktioniert gut oder nur kurze Zeit, dann habe ich da noch die Leibeigenen Haustiere, die Schweinehunde, die mir auch schon mal im Weg liegen, und ich lieber drum herumlaufe, statt sie in ihr Körbchen zu verlegen, um sie zu überwinden. Aber ich tu mein Bestes, immer noch. Ich denke, so geht es auch den Lesern hier und Milliarden von Menschen da draußen. Es gibt doch immer etwas. Wer ist schon mit sich 100% zufrieden. Kaum einer. Dafür gibt es eben auch hunderttausend Gründe. Ich will nicht auf den Gründen rumhacken, Leute, zu viel Arbeit, ist euer Ding.

Meine tägliche Arbeit mit Klienten zeigt es mir immer wieder, das sie sich die Hilfe holen, weil sie es nicht alleine schaffen, davor ziehe ich echt den Hut. Ich beobachte auch, dass das Klientel immer jünger wird, um sich helfen zu lassen. Wenn wir heute in dieser schnelllebigen Zeit, mit fast Schallgeschwindigkeit über die Lebens-Autobahn rasen, wie will man da auf sich achten? Das muss einen ja fast früher oder später aus der Bahn werfen. Dann hat man das Schleudertrauma in sich und ist froh, wenn durch Zufall die Feuerwehr irgendwie als Ersthelfer vor Ort ist, um einen wieder in die Spur zu helfen. Manchmal fühle ich mich genauso wie ein Feuerwehr Ersthelfer, um dem aus der Spur gerutschten Menschen wieder in die Spur zu helfen. Wer achtet schon auf sein Heil Sein und bleiben. Wer trägt ganz bewusst die Eigenverantwortung für sich selbst? Ist es nicht oft einfacher bei den anderen zu schauen, wie es denen geht, denen zu helfen, sie zu unterstützen, ihnen Dinge abzunehmen, weil wir denken, wir können es besser usw. Na, wiedererkannt, ich wusste es doch. Aber es ist ok!

Die eigene Erwartungshaltung an sich selbst ist nicht die beste, aber für die anderen das größte. Na, warte, da kannst du lange drauf warten, und warten und noch mehr warten. Das ist es, was das Wort „Er-wartung" = Er wartet, bedeutet. Dann nimm dir Zeit, ach ja, die hast du ja nicht. In der heutigen Zeit wird viel abverlangt, aber es liegt doch an jedem Selbst, ob wir dem folgen oder nicht. Was hat das alles mit der KAHI-SI & Herz-Heilung-Energie zu tun? Ich sage es dir, die Selbstverantwortung, die Eigenverantwortung, wie auch immer du es nennst ist hier sehr wichtig. Nimm dich genauso wichtig, wie du auch andere in deinem Leben wichtig nimmst. Entwickle einen gesunden Egoismus und stehe dazu. Ohhh, ich höre wieder den Einwand,

Egoismus ist nicht gut, das gehört sich nicht, man selbst soll viel geben und selbst mit sich bescheiden sein. Wie soll das gehen?

Wenn ich immer nur für die anderen da bin, für sie etwas tue oder mache, ihnen etwas abnehme, ihnen immer gebe, dann ist mein Fass zum Geben irgendwann schneller leer, als mir lieb ist. Was dann? Dann ist meist schon der Zeitpunkt, wo man selbst auf dem Zahnfleisch läuft, wo der Körper schon Symptome zeigt, dass Leben uns in die Knie zwingt oder fallen lässt, dass wir nur noch krauchen können, ist es das was du willst? Was gibst du dir jetzt? Dein Fass ist leer. Wer gibt dir was, von wem würdest du was nehmen, du hast ja gelernt bescheiden zu sein, da nimmt man nicht, das schickt sich nicht. Soll ich noch weitermachen, wo das hinführen könnte, male es dir selbst aus, dann siehst du es vor deinem inneren Auge bestimmt selbst.

Wie kommst du da wieder heraus, ohne dich in deinem leeren Fass fast selbst zu beerdigen, sorry, das musste sein. Frage dich, wie wichtig du dir selbst bist, an welche Stelle würdest du dich selbst stellen? „Wer ist der wichtigste Mensch in deinem Leben?" Überlege gut was du antwortest, den die meisten würden folgende Aufzählung machen. Mein Partner, meine Familie, meine Kinder, meine Freunde, meine Bekannten…. Stopp, stopp… halt ein. Wann kommst du? Ich weiß, ganz hinten, wenn überhaupt.

Jetzt überdenke genau, was du willst, wo du stehen möchtest, wann du drankommst und wer dafür einzustehen hat – Ja du selbst, es liegt in deiner Verantwortung, deiner eigenen Selbst-Verantwortung, alles zu tun, was dir selbst guttut und nicht immer den anderen guttun könnte. Nimm dir aus dem Lebens-Nehmer-Fass das was du brauchst um heil zu werden und zu sein, dann hast du genug Energie um dein Geber-Fass zu füllen und daraus zu geben, wenn du es möchtest und nicht wenn es andere von die erwarten oder du denkst, das müsstest du jetzt jemanden geben, weil es ihm so schlecht geht. Es ist wichtig zu erkennen, dass das Nehmer- und Geber-Fass relativ gut im Gleichgewicht sind. Wenn du nimmst, hast du auch immer was zu geben. Wenn du nur gibst, hast du irgendwann nichts mehr zu geben. Du wirst merken, dass wenn du etwas brauchst, auch von anderen bekommst, die ihre Fässer gut im Gleichgewicht halten können. Es ist gut genau hinzuschauen mit welchem Motiv der andere etwas gibt, damit auch dessen Geber-Fass nicht irgendwann leer ist.

Bei der KAHI-SI & Herz-Heil-Energie trägt auch hier jeder seine eigene Verantwortung, für das, was geschehen wird oder eben nicht. Der Geber ist nur der Kanal und der Empfänger sollte schon wissen, was er will und die eigenverantwortliche Entscheidung treffen mit allen Konsequenzen. Denn eine Einweihung kann man nicht rückgängig machen. Ist die Energie erst einmal geflossen ist es ohne Umtauschrecht. Wie sollte sie auch wieder zurückfließen? Jeder Empfänger sollte sich dessen bewusst sein, was er will und tut, und dazu stehen. Für den Moment, wo jeder über die Methode gestolpert ist, weil der Postbote genau dieses unbewusst, bestellte Paket, ihm vor seine Füße gelegt hat, war es genau die richtige Zeit für einen neuen Entwicklungsprozess im Leben. Entscheidet der Empfänger irgendwann später einmal, aus welchen persönlichen Gründen auch immer, mit dieser Methode nichts mehr zu tun haben zu wollen, dann ist es eben so, er braucht damit nicht mehr zu arbeiten. Es ist ja vom Umtausch ausgeschlossen. Dann war es eben nur für diese Zeit wichtig, und gut.

Man hört intuitiv dann von selbst auf, damit zu arbeiten. Alles hat eben seine Zeit! Heilung ist, für viele Menschen was Individuelles, weil es auch viele verschiedene Gründe dazu gibt, es nicht zu sein. Es ist nicht einfach in einem Körper und mit ihm auf gleicher Wellenläge zu leben, da spurt schon mal was nicht, ist aus den Fugen geraten oder bröckelt etwas gewaltig. Dann liegt es an jedem selbst sich auf den Weg zu machen, genau das für sich richtige zu finden um seinen Körper und sein Seelenheil wieder als Team zusammenlaufen zu lassen, in einem angenehmen Tempo und bei guter Vitalität mit genug Lebensenergie. Wenn einem die KAHI-SI & Herz-Heil-Energie über den Weg läuft, kann es für etwas gut sein, auch wenn es einem erst einmal nicht bewusst ist, für was. Aber wir sollten mit allen offenen Sinnen durch das Leben gehen und nehmen, was kommt. Wenn es hinterher einem nicht ausreicht, oder gefühlt nicht das richtige war, dann einfach weiter offen sein. Jeder kann es fühlen, ob einem etwas guttut oder nicht. Egal was probiert wird, es wird im Innern immer etwas tun, oft ist es eben nur nicht gleich sichtbar oder spürbar. Hier kommt der Geduldsfaden ins Spiel. Dieser Faden kann eben sehr lang sein, für viele eben oft viel zu lang, dann wird er eben kurzer Hand getrennt und ist enttäuscht, sauer oder wütend, weil etwas nicht gleich funktioniert. So ist die Herausforderung sich Zeit zu nehmen, um es wirken zu lassen.

Was die Energie angeht, sollte der Empfänger sie vertrauensvoll annehmen, mit allen, was sie für den Empfänger zu bieten hat. Immer daran denken, es gibt dafür keinen allgemeinen Beipackzettel, es ist eben etwas Persönliches. Die Energie macht das, was sie machen soll, wenn sie erst einmal fließt innerhalb einer Anwendung oder Einweihung. Diese Energie ist nicht wirklich zu steuern, das sie dahin oder dorthin fließen soll, sie dies und jenes machen muss. Diese Energie weiß schon, was sie mit dir und deinem individuellen, persönlichen Energiefeld machen soll. Vertraue darauf.

Wirkung der KAHI-SI & Herz-Heil-Energie

Die Bereitschaft für diese KAHI-SI & Herz-Heil-Energie offen zu sein, reicht aus, dass sie bewusst oder auch unbewusst dich findet und du sie findest, wenn die Zeit reif ist für die eigene Weiterentwicklung. Aus meinen Erfahrungen mit der KAHI-SI & Herz-Heil-Energie, kann ich sagen, dass die Herz-Heil-Energie sehr unterschiedlich auf einen Menschen wirken kann. Von feiner, tiefer und lichter bis sehr intensiv. Jeder Empfänger und auch jeder Geber hat seinen eigenen Wahrnehmungskanal und wird das spüren, was er spüren soll in jenen Momenten. Auch wenn etwas nicht wahrzunehmen ist, heißt das nicht, das es nicht funktioniert oder wirkt. Es ist eben nicht in dem Moment wahrnehmbar oder spürbar. Das Wahrnehmen kann bewusst erlernt werden, um sich dafür zu sensibilisieren. Das braucht viel Übung und Zeit. Die wenigsten können das auf Anhieb. Diese Übungszeit sollte man sich geben. Wenn nichts wahrzunehmen ist, gibt es immer eine Wirkung, eben nur unbewusst. Daher entstehen Wahrnehmungs-Unterschiede. Es gibt, wie bei einem Radio auch Frequenzunterschiede.

Jeder Radio Sender hat unterschiedliche Programme, daher hat jeder Mensch seine eigenen Bedürfnisse an Programme und Botschaften. Der Mensch hat seine persönliche Schwingungs-Frequenz und wenn Menschen und Radioprogramme passen, sind die Schwingungs-Wellen ähnlich und die Botschaft kommt beim Empfänger intensiver an.

So wirkt auch die KAHI-SI & Herz-Heil-Energie auf den verschiedenen Ebenen und ist somit von jedem einzelnen Empfänger unterschiedlich wahrnehmbar. So kann die Herz-Heil-Energie folgendes im Empfänger anregen oder unterstützen:

- Selbstheilungskräfte
- Bewusstseinserweiternd
- Intuitionsstärkend
- Kreativität
- Emotionserweiternd
- Talente
- Zielsetzung
- Glücksgefühle
- Linderung von Körperlichen Symptomen
- Und vieles mehr

Reaktionen bei KAHI-SI & Herz-Heil-Energie Anwendungen

Es ist nicht vorhersagbar, was bei dem Empfänger innerlich geschieht, welche Reaktionen sich zeigen werden. Wichtig ist, dass du dem Empfänger kein Heilversprechen machst oder irgendetwas vorhersagst, weil es nicht wirklich möglich ist. Es können Schwankungen innerhalb einer KAHI-SI & Herz-Heil-Energie Anwendung auftreten. Das hat auch mit der Lebenseinstellung des Empfängers zu tun.

Es ist hilfreich die Erwartungs-Haltung loszulassen und stattdessen zu Ver-Trauen – es laufen zu lassen und dies auch noch bedingungslos. Viele Menschen wollen ihre Kontrolle nicht gerne abgeben und sich dem Ur-Vertrauen, der geistigen Führung hingeben. Es ist hilfreich diese KAHI-SI & Herz-Heil-Energie Anwendung als Entspannungs-Anwendung zu sehen, Zeit für sich selbst zu haben, etwas zu empfangen, wie z. B. Zuwendung, Aufmerksamkeit usw., sich also eigenverantwortlich etwas für sein Nehmer-Fass besorgen oder nehmen.

Die KAHI-SI & Herz-Heil-Energie braucht keine Anweisungen von dir als Geber, damit sie weiß, wohin sie beim Empfänger fließen soll. Sie weiß es, sie fließt überall, daher ist das „SENDEN" völlig unnötig. „EMPFANGE" einfach. Das macht die Anwendung in allem leichter.

Das etwas nicht zu senden ist, wie es bei anderen Methoden, z.B. der Reiki Energie Methode nach M. Usui üblich ist, scheint noch ungewohnt zu sein. Daher ist es nicht einfach sich auf etwas Neues einzulassen und zu fühlen. Die neuen Energie-Methoden können alte Energie- Methoden überfluten. Durch die eigene Weiterentwicklung bleiben erlernte Energie-Methoden erhalten und reihen sich in das große Ganze mit ein. So erging es mir damals beim Erlernen der Reiki-Methode natürlich auch. Ich habe es so gelernt und so gebe ich es weiter. Nun weiß ich auch, dass es noch mehr gibt, dass alles sich entwickelt und neues zum Vorschein kommt. Das ist nicht schlechter oder besser, eben nur anders. Viele Energiearbeiter & Lichtarbeiter denken und arbeiten gefühlt damit, dass sie Energie senden. Das habe ich auch, klar. Bei dieser Methode geht es eben nicht um das Senden, sondern nur um das Empfangen, gerade merke ich, dass es auch was wie ein Nehmen ist – für meine Fässer, wie schön. Als Geber empfange ich und der Empfänger empfängt genauso. Es wird nur durch mich kanalisiert, da ich als Geber der Kanal, die Verbindung zum Empfänger darstelle. Es ist hilfreich ganz locker und entspannt zu bleiben, keine Absicht zu formulieren, was die Energie tun soll. Die Energie hört nicht darauf, was du willst, sie kommuniziert auf einer anderen Ebene mit den Empfängern. So gib dich damit zufrieden die Energie einfach machen zu lassen und vielleicht ist zu beobachten, was alles Gutes geschieht. Ist der Empfänger nach der KAHI-SI & Herz-Heil-Energie Anwendung fertig und z.B. schon Stunden zuhause, kann es auch hier vorkommen, dass es dem Empfänger nicht so gut geht. Das ihm vielleicht Übelkeit beherrscht oder ähnliches. Oft wird der Geber es gar nicht oder erst bei der nächsten Anwendung als Feedback bekommen, in den seltensten Fällen meldet sich ein Empfänger leider währenddessen. Es ist natürlich möglich das die KAHI-SI & Herz-Heil-Energie einiges im Empfänger aufwühlt, dass etwas an die Oberfläche sich drängt, um bearbeitet oder gesehen werden will. Sollten Schmerzen auftreten, ist es immer wichtig, sich darüber im Klaren zu sein, dass der „Liebe Gott" auch dafür gesorgt hat, das es die Schulmedizin und die alternative Medizin gibt, um körperlich alles auszuschließen. In der Homöopathie weist man immer auf die sogenannte Erstverschlimmerung hin. Ich halte es ebenso und weise den Empfänger darauf hin, er sollte sich gut beobachten, viel Wasser oder Tee trinken, damit, wenn evtl. Giftstoffe aus dem Körper hinauswollen, auch die Möglichkeit dazu bekommen. Der Empfänger sollte immer bedenken, dass auch diese KAHI-SI & Herz-Heil-Energie die Selbstheilungsprozesse im Körper wieder anregen kann. Daher sind die Auswirkungen von Mensch zu Mensch verschieden. Jeder Empfänger sollte gut auf sich achten, hören und eigenverantwortlich danach handeln.

Auch während einer KAHI-SI & Herz-Heil-Energie Anwendung kann der Körper des Empfängers sich bemerkbar machen, wie z.B. hörbares gurgeln im Bauchraum, Körperpartien die auf einmal kurzen Muskelzuckungen unterliegen, schweres Atmen, Lachen, Stirnrunzeln, Druckempfinden, Kribbeln, Temperaturveränderung, Schwere, Spannungsgefühl, Ausdehnungsgefühl, sensible Sinneswahrnehmungen. All dies ist normal. Der Körper hat die Möglichkeit im Liegen völlig zu entspannen und runterzufahren. Als Geber ist es hilfreich jeden Empfänger im Vorfeld darauf hinzuweisen, dass wenn er irgendetwas unangenehmer verspürt, er es mitteilen sollte. So kann der Geber auch besser und schneller reagieren.

Innerhalb der KAHI-SI & Herz-Heil-Energie Anwendung berühre ich mit einer Hand ganz intuitiv verschiedenen Stellen am Empfänger. Das hat folgenden Grund. Zu einem, wer es noch in Erinnerung hat, bedeutet KAHI – die magische Berührung, fließende Bewegung. Ich gleite mit der anderen Hand in fließenden magischen Bewegungen über den Körper mit einem Abstand von etwa 5-20 cm. Ich halte es so, dass meine Berührungshand die linke ist und die arbeitende Hand die rechte ist. Das hat sich intuitiv so ergeben, innerhalb der Erfahrungen mit der Methode. Durch das praktizieren und üben mit Teilnehmern aus meiner langjährigen Reiki Gruppe, ergaben sich die folgenden Erfahrungen, dass jeder selbst entscheiden darf, wie er die KAHI-SI & Herz-Heil-Energie Anwendung mit den fließenden, magischen Bewegungen durchführt. Der eine Geber arbeitet mit der rechten Hand, ein anderer Geber lieber mit der linken Hand, wieder ein anderer arbeitet mit beiden Händen. Jeder Geber sollte es für sich herausfinden, wie er am besten arbeitet. Ich für mich, fühle mich gut damit, wenn ich eine Hand beim Empfänger habe, um den Kontakt herzustellen. Der Empfänger liegt mit geschlossen Augen auf der Liege und weiß, dass er solange er noch meine Hand irgendwo spürt, er noch völlig entspannt sich dem hingeben kann ohne darüber nachzudenken, wann die Anwendung fertig ist. Ja, klar könnte ich es dem Empfänger auch sagen, dass ich fertig bin. Ich tue nur gerne etwas, was auch mir guttut, womit ich mich auch innerhalb der KAHI-SI & Herz-Heil-Energie Anwendung wohlfühle.

Des Weiteren gibt es da auch noch einen weiteren Aspekt, warum ich es mit der Berührung so halte. Intuitiv lege ich meiner linken Hand auf irgendeinen körperlichen Punkt ab und verbinde dadurch mit der anderen Hand, die im Energiekörper sich meist aufhält, einen zweiten Punkt. Ich verbinde zwei Punkte am Körper des Empfängers wobei eine energetische Veränderung herbeigeführt werden kann oder auch gespeicherte Informationen verändern werden können. Es geschieht beim Empfänger

das, was geschehen soll. Für viele Energiearbeiter und Lichtarbeiter steht jede Hand für etwas Besonderes, ja das kann sein,
aber ich lasse mich gerne leiten und arbeite intuitiv. Meine
Hände wollen was sie wollen, so lasse ich sie machen, was daran soll verkehrt sein, ich finde nichts! Jeder darf so sein und das
tun, wie er es gerne möchte, ich werde hier keine gefühlten dog-
matischen Anordnungen geben. Wenn jemand denkt, das die
rechte und linke Hand jeweils für etwas Bestimmtes steht und
man deshalb auch so zu arbeiten hat, dann darf der Geber dies
auch gerne tun, es ist eben seine Wahrheit. Meine Wahrheit
fühlt sich für mich eben anders an. Wer wäre ich, wenn es für jemanden stimmig ist und ich mit viel Überzeugungsarbeit es ändern will. Das kennen wir doch zu genüge. Jeder wird zum richtigen Zeitpunkt zu seiner stimmigen Wahrheit gelangen und
diese ist auch nur solange in einem stimmig, bis sie durch weitere Erfahrungen unstimmig wird, dann wird derjenige selbst die
erweiterte oder neue stimmige eigene Wahrheit für sich finden
und anwenden.

Oh je, jetzt höre ich schon, wie manche vielleicht versuchen zu
hinterfragen, ob denn diese neue KAHI-SI & Herz-Heil-Energie
auch eine gute Energie ist und nicht eine schlechte Energie. De-
finiere für dich „Schlechte Energie". Ist das überhaupt möglich?
Versuchen wir das mal objektiv zu betrachten. Energie ist eine
Schwingung. Wer bewertet ob etwas gut oder schlecht ist, die
Energie oder der Mensch? Versuchen wir es so zu sehen, dass
jeder Energie anders fühlt, spürt, sieht oder wie auch immer
wahrnimmt, werden wir es danach bewerten, was es mit unserem Körper macht. Also tut sie uns gut oder nicht. Aber es ist
immer noch der Körper, dem etwas gefällt oder nicht, der damit

klarkommt oder eben nicht. Dazu gehören viele verschiedene individuelle Faktoren. Mit Energien können eben auch berüchtigte Themen-Knöpfe in einem gedrückt werden und ab und zu passen die einem gerade nicht, weil man sie lieber in der untersten und hintersten Schublade versteckt halten will. Oft tun diese Themen dann auch noch weh, weil der Mensch damit unangenehme Erfahrungen und Gefühle verbindet, die er abgespeichert hat. Kommt dann eine Energie, die macht, was sie machen soll, geht eben die Schublade auf und die Themen rutschen an die Oberfläche, die dazugehörigen Emotionen natürlich ebenso und schon befinden wir die Energie als schlecht. Auf der einen Seite hast du gefühlt die Kontrolle verloren, auf der anderen Seite bedenke, dass du diese Energie empfangen wolltest und zu dem eigenverantwortlich, und in diesem Fall unbewusst, auch ja dazu gesagt, wenn nicht sogar still und heimlich laut im Inneren danach geschrien hast, es endlich zu bearbeiten und dann zu akzeptieren, dass es eine Erfahrung für dich war und ist. Du hast dann zwei Möglichkeiten, sie entweder wieder in die Schublade zu verstauen und zu verstecken oder sich dem anzunehmen und dich befreien, dich dann besser zu fühlen und glücklicher zu sein, mit einer Erkenntnis, es war ja gar nicht so schlimm und ging besser als erwartet.

Die Aus-Bildung in die KAHI-SI & Herz-Heil-Energie

Erst gehst du den Weg der Bildung und bist du fertig gehst du aus der Bildung raus (Ausbildung). Es ist völlig egal in was du dich bildest, jedes erlangte und erlernte Wissen kann dir keiner nehmen. Es bleibt dir immer erhalten. Vertiefst du deine Weiter-Bildung mit der Zeit, bereicherst du dich selbst, da bekommt auch der Begriff „Fortbildung" auch eine schöne Bedeutung. Du machst die unterschiedlichsten Erfahrungen innerhalb deines Bildungsprozesses, die ein wichtiger Bestandteil für dich sein können. So wird es auch bei der KAHI-SI & Herz-Heil-Energie Methode sein. Ich persönlich finde den Austausch mit Gleichgesinnten immer wieder inspirierend, da jeder seine eigenen Erfahrungen miteinbringt. Durch die Erfahrungen kann auch diese KAHI-SI & Herz-Heil-Energie Methode nur mit uns zusammenwachsen und gedeihen.

Das Wissen wird in zwei Seminaren gelehrt. Die erste Stufe wird das „Bacic 1.-Seminar" bilden und beinhaltet das theoretische Wissen, was es mit der KAHI-SI & Herz-Heil-Energie auf sich hat, wie sie entstand, was mit ihr möglich ist. Der Teilnehmer wird in die Herz-Heil-Energie eingeweiht, um die Energie empfangen zu können. Es werden die Grundlagen von KAHI-SI erläutert, wie auch das praktischen Anwenden und üben von der KAHI-SI Anwendung in Verbindung mit der Herz-Heil-Energie unter den Teilnehmern. Es bedarf hierbei keinerlei Voraussetzung oder Vorkenntnissen, um an einem „Basic 1.-Seminar" teilzunehmen.

Im zweiten Seminar, dem „Basic 2.-Seminar", wird der Teilnehmer die Möglichkeit haben, zu erlernen, wie die Einweihung funktioniert. Der Erfahrungsaustausch aus dem erlernten Basic 1.-Seminar sind hier sehr hilfreich für alle Teilnehmer. Auch im Basic 2.-Seminar werden theoretische Grundlagen über die Herz-Heil-Energie-Einweihung vermittelt, die Zusammensetzung und Wirkung während und nach der Einweihung. Das praktische Üben und vermitteln von Einweihungen & Anwendung, sowie dazugehörige Wissen innerhalb einer Gruppe steht hier im Raum. Der angehende KAHI-SI & Herz-Heil-Energie Lehrer wird in eigenen organisierten Seminaren (Basic 1.) sich präsentieren und eigene Teilnehmer lehren. Damit gewährleistet ist, das das Wissen auch gut vermittelt wird, wird es durch mich begleitet und geprüft. Der Teilnehmer kann sich hiernach „Lehrer für die KAHI-SI & Herz-Heil-Energie" nennen. Zu jedem Seminar gibt es schriftliche Unterlagen und ein Zertifikat.

Durch das begleiten der angehenden KAHI-SI & Herz-Heil-Energie Lehrer kann ich für eine gewisse Zeit die ursprüngliche Art mit allen Erfahrungen weitertragen. Mir ist bewusst, dass auch diese Methode irgendwann, nach Jahren vielleicht ihre Veränderungen bringt aufgrund von erweiterten Erfahrungen. Und Ja, ich möchte diesen Schatz auch etwas schützen und behüten, bis die Veränderungen ihren Lauf nehmen werden. Wie ein Kind, was die ersten Jahre die mütterliche Aufmerksamkeit und Pflege braucht, bis es sich langsam anfängt abzunabeln und selbst weiterentwickelt. Das gehört zum Lebens-Entwicklungs-Prozess.

Die KAHI-SI & Herz-Heil-Energie möchte in die Welt getragen, gelebt und gefühlt werden. Wenn es das ist, was sich durch mich weiterentwickeln möchte, werde auch ich mich weiterentwickeln, warum sollte ich das Wissen für mich behalten. Wer sich davon angesprochen und angezogen fühlt, für den hält es auch etwas von Weiterentwicklungs-Möglichkeiten bereit. Diese Potenziale sind in uns und wenn sie geweckt werden, können sie gelebt und erfahren werden.

Es war für mich nicht immer einfach in diesen drei Jahren, der KAHI-SI & Herz-Heil-Energie den nötigen Raum zu geben. Ich weiß zugut, dass alles seine Zeit braucht, zu gedeihen, und die eigenen Erfahrungen erst einmal damit zu sammeln, auch wenn mir klar ist, es werden noch viele Erfahrungen kommen. Das macht es auch so wunderbar spannend. Ich für mich habe beschlossen, wenn das Buch hier im Kasten ist und ins Leben geschickt wird für die Leser, wird auch mit dem „Basic 1.-Seminaren" begonnen. Jeder der ein Seminar, Workshop, was auch immer konzipiert, weiß wieviel Arbeit darin steckt, wieviel Kraft, Mut, Ausdauer, Geduld, Liebe und Leidenschaft da zusammenkommen, um es genauso umzusetzen, wie es einem selbst gefällt. Monatelanges schreiben, umformulieren, lesen und channeln brachten dieses Werk durch die Buchstabenschwangerschaft, bis es nun endlich auf dem Papier geboren wird und im Leben vieler Menschen schöpferisch wirken kann und viele in ihrer Weiterentwicklung und persönlichen Prozessarbeit unterstützt.

Vielleicht wird es für den einen das Non plus Ultra sein und für jemand anderen der größte Mist. Ich kann dem Leser hier mit gutem Gewissen sagen, jeder darf das gerne so sehen. Das ist okay für mich, und dann auch hoffentlich für denjenigen der so denkt. Alles darf sein und trotzdem ist es einem ja nicht ohne Grund vor die Füße gefallen. Manchmal reicht gerade das aus, auch wenn es noch so eine winzige Erkenntnis gibt, dann war genau diese Erkenntnis es wert gesehen oder entdeckt zu werden. Dafür dankbar zu sein ist schon ein sehr schöner Schritt zu sich Selbst. Was braucht es da mehr?

Jeder Teilnehmer entscheidet für sich selbst, was er lernt und ob er damit weitermacht oder es links liegen lässt. Das gehört eben auch zum eigenverantwortlichen Entwicklungsprozess.
Ich vergleiche es gerne mit meinem Lebensmotto: „Meine Seele will nur spielen" – So spiele ich in diesem Leben alles was mir Spaß macht und wenn ich keinen Spaß mehr an einer Sache habe, dann höre ich auf zu spielen und suche mir ein neues Spiel oder Spielfeld aus. Ich weiß nicht wie lange ich dann spielen werde, darum geht es auch nicht für mich. Ich habe Freude an dem was ich tue, ich spiele und genieße es. Spaßig daran ist, wenn Mitspieler ebenso viel Spaß daran haben können, wenn wir es gemeinsam spielen.

Ich spiele und genieße es. Ich kann auch gut verlieren, denn ich weiß, es ist auch nur ein Spiel. Diese Erfahrungen, etwas nicht zu können, nicht zu schaffen, sind wichtige und gute Erfahrungen und es wird immer meine Entscheidung sein, das Beste daraus zu machen. Das erleichtert den eigenen Weiterentwicklungsprozess. Freude statt Frust bringt einen weiter und damit zieht auch die Gelassenheit, die Akzeptanz und auch Toleranz ins Blickfeld. Aber bedenke all das ist keine Sturzgeburt. Es braucht seine Zeit, die passenden Erkenntnisse zu erlangen bis hin zum Umsetzen im Leben.

So wünsche ich mir, dass jeder Teilnehmer, der sich dafür entscheidet sich selbst und der KAHI-SI & Herz-Heil-Energie eine
Entfaltungsmöglichkeit zu geben. Vertraue dir und deiner Seele,
sie kennt deinen Weg, sie wird dich unterstützend leiten. So
wünsche ich dir viel Spaß beim Spielen, lernen, umsetzen und
vieles mehr. Mach dich auf deinen Weg, denn es ist nur dein
Weg.

Lernen & Lehren

Es gibt da draußen in der Welt viele Methoden und Techniken mit wunderbaren Namen. Jeder Lehrer wird sein eigenes erworbenes Wissen und Erfahrung miteinbringen. Was man nicht als Teilnehmer weiß, ob es genau der richtige Lehrer für einen ist. Daher forsche etwas und vertraue auf deine Intuition oder dein Bauchgefühl, es wird dich leiten.

Frage dich immer selbst, ob diese Technik oder Methode die richtige ist für den jetzigen Zeitpunkt. Ist es der richtige Lehrer, Ausbilder oder Leiter, der dir das beibringen kann, was du im Moment brauchst, was wichtig für dich sein könnte. Vielleicht fragst du dich auch, was du mit jedem erworbenen Wissen alles machen möchtest. Ist es nur für dich selbst, dient es deiner eigenen Weiterentwicklung oder möchtest du andere daran teilhaben lassen, es selbst lehren. Horche auf deine Antworten, auf deine innere Stimme, deine Intuition.

Vielleicht denkst du, das du nicht Intuitiv genug bist. Sei dir sicher, du bist intuitiv. Nicht jeder weiß seine Intuition zu nutzen und sich leiten zu lassen, um das richtige Seminar, Workshop, Ausbildung, Fortbildung oder Weiterbildung zur richtigen Zeit zu finden und zu absolvieren. Jeder sollte es für sich selbst entscheiden, welche Kriterien wichtig sind, was er damit wirklich anfangen möchte. Den Fakt ist, es wird immer für diesen Moment der richtige Lehrer und die richtige Methode sein. Aber stehe zu dir, wenn du dir nicht sicher bist und entscheide nach deinem intuitiven Bauchgefühl, und gehe in den „Finden Modus" und finde etwas Passenderes für dich.

Lasse dich auch nicht von Titeln zu sehr beeindrucken, die sagen nicht viel über jemanden aus. Meiner Meinung nach, ist Deutschland ein „Urkunden-Sammler-Land". Habe ich viel, bin ich viel, kann ich viel, bekomme ich viel. Es kreuzen sich immer die richtigen Menschen im Leben, die sich gegenseitig unbewusst etwas zu geben haben. Daher ist es hilfreich, auf sein Bauchgefühl zu hören und auch bei Bedarf Fragen zu stellen, damit es den Kopf beruhigen kann und die Entscheidung dann fällt, wie sie dann fällt. Und Wisse, viele Titel hier in Deutschland sind nicht geschützt. So könnte sich auch jeder z.B. als „Heiler" bezeichnen.

Ich möchte gerne eins klarstellen, dass es nur meine Meinung ist, die ich hier äußere. Ich akzeptiere jeden, der eine andere eigene Meinung hat, ist ja auch seine, die geht mich nichts an. Hier äußere ich nur meine. Bleiben wir bei dem Beispiel „Heiler". Auch wenn sich jemand als „Heiler" oder ähnliches bezeichnet, kann er nicht heilen, heilen kann sich nur jemand der auch krank ist und gesundwerden möchte. So könnte man zum „Selbstheiler" werden. Ich praktiziere es so, dass jede Methode, die ich zur Verfügung habe, für einen Klienten als Unterstützung, als Hilfe zur Selbsthilfe ansehe. Wenn möglich, der Klient eine Methode auch selbst erlernt, um sich selbst die Hilfe geben zu können, die er braucht. Das bedarf vom Klienten, je nach erlernter Methode, eine konsequente Disziplin, was oft mit der Zeit, aus den verschiedensten Gründen, vernachlässigt und mit Begründungen, wie z.B. keine Zeit dafür zu haben, es täglich anzuwenden, in die Ecke gelegt wird. Es ist ja leichter irgendwo schnell mal hinzugehen und versuchen zu können seine Verantwortung über die Symptome an jemand anderen unbewusst abzugeben. Der kann ja, der weiß ja, der macht das schon weg usw.

Ist es wirklich so einfach? Ich denke, da gehört schon mehr dazu. Aber diese Menschen brauchen das eben noch, es steht mir nicht zu dies zu bewerten. Das Leben hat vielleicht noch einiges so vor mit diesem Menschen, aber es ist seine Erfahrung, aus seinem Lebensrucksack, den der Mensch sich doch selbst gepackt hat, nicht vergessen. So steht es uns als Lehrer, Heiler oder ähnliches nicht zu, das infrage zu stellen. Wir haben etwas, wofür ein anderer sich eben noch entscheiden darf, wenn er es möchte. Wir sind da und was ein anderer daraus macht liegt in seiner eigenen Verantwortung.

Alle Lehrer, Energie- und Lichtarbeiter, Coach oder ähnliches, ist es ebenso wichtig, sich immer wieder weiterzuentwickeln und den eigenen Wissensspeicher zu füllen. In erster Linie tust du es jeder für sich selbst, denn sie sind auch als spirituelle Lehrer nicht vor ihren eigenen Lebensthemen geschützt, die sie noch nicht aus ihrem Lebensrucksack ausgepackt haben.
Ich habe da ein weiteres Motto: „Kommt Zeit, kommt Thema, kommt Rat, kommt Lösung". Alles bedarf seiner Zeit und wird sich zur richtigen Zeit zeigen, wenn es soweit ist und wenn wir als Mensch vor allem soweit sind, es auch zu bearbeiten. Es ist zu bedenken und zu lernen, das, wenn wir es nicht alleine schaffen es hilfreich sein kann, sich eine Unterstützung an die Seite zu holen.

Die Welt bleibt nicht stehen, auch in den wunderbaren Methoden, die hier in der Welt ihren Dienst tun. Ur-Altes Wissen und

Überlieferungen wurden uns von Generation zu Generation weitervermittelt. Wir beharren darauf, es auch ebenso weiterzuvermitteln, wie damals vor vielen Generationen es schon ausgeübt wurde. Da fragt man sich schon, ob es Zeitgemäß ist, warum bleibt einiges fast stehen, wo die Welt sich mit dem Menschen doch weiterdreht, sich in der heutigen schnelllebigen Zeit auch schnell weiterentwickelt, zu sehen an der Technologie um uns herum. Es ist doch nur noch nostalgisch mit einem Schnur-Telefon mit Wählscheibe zu telefonieren und einen sehr kleinen Radius zu haben, um uns damit zu bewegen, und schon gar nicht damit hinausgehen zu können. Heute ist es doch egal in der mobilen Handyzeit. Wir können fast überall telefonieren, sind frei und ungebunden mit einem sehr weiten Radius. Warum gilt das nicht für solche Methoden?

Ich höre schon von einigen das „Aber…". Ja ich habe es ebenso gehalten. Ich bin seit 1999 Reiki-Lehrerin nach dem M. Usui System und wollte es immer traditionell halten. Heute sehe ich das etwas anders. Auch die Reiki-Methode bleibt doch nicht stehen. Ja Reiki ist Reiki und nun ist auch die neue Methode hier bei mir eingezogen und beansprucht ihren Platz und Raum um sich entfalten zu können. Den gebe ich heute gerne nach. Die KAHI-SI & Herz-Heil-Energie ist etwas Neues und hat sich eben mit einem bestimmten Grund erst heute hier eingefunden, warum, tja, vielleicht hat sie sich weiterentwickelt, und wir eben als Menschen auch, wir für diese Methode auch bereit und offen sind, sie zu empfangen, was damit anzufangen und sie weiterzutragen. Ich finde nach wie vor die Reiki Methode wunderbar, mit dem Unterschied das ich es nicht mehr so dogmatisch lehre. Es sind Kleinigkeiten, die verändert werden. Jede Persönlichkeit, wird eine Methode so lehren, wie sie es für richtig hält, jeder bringt etwas mit hinein oder nimmt etwas heraus. Jeder darf es für sich selbst verantworten. Ein Teilnehmer, der zu einem Seminar geht, weiß es meist vorher nicht, was alles dazu gehört an Theoretischen und praktischen Wissen. Er geht davon aus, das es das richtige ist und mit der Zeit und intensiven Arbeit, erfährt man oft über andere Gleichgesinnte die Unterschiede der gleichen Methoden und deren Ausbildungsinhalt. Natürlich kann jeder so arbeiten, wie er es möchte, keine Frage. Das muss auch hier jeder für sich selbst beantworten. Aber die einzige Konstante im Leben ist die Veränderung, alles ist in Bewegung, auch weil alles eben Energie ist. Uraltes Wissen war damals die Wahrheit für denjenigen der sie verbreitet hat, würde derjenige heute hunderte Jahre später vielleicht ebenso noch sein Wissen weitertragen? Ich glaube nicht, da es eben nicht die gleichen Bedingungen gibt und das Wissen nicht mehr das ist, wie vor hunderten von Jahren.

Alles verändert und entwickelt sich ständig. Meine Devise ist, so Intuitiv wie möglich arbeiten, spüren, wahrnehmen und aus dem Gefühl heraus handeln.

Einige allgemeine Hinweise

Zweifel & Ängste

Da sind zu einem Zweifel und Ängste, die nach der anfänglichen Begeisterung auftauchen können. Es braucht auch bei der KAHI-SI & Herz-Heil-Energie Methode seine Zeit bis sich die Energie im eigenen körperlichen und psychischen System verbunden hat. Durch die in uns beherrschenden Muster dauert es eine gewisse Zeit, bis sich das neue setzt, sich evtl. auch neue Muster entwickeln, alte vielleicht ablösen. All das gehört zum Entwicklungsprozess dazu und dieser braucht Geduld und Spucke. Denke daran, du kannst nur für den Moment dein Bestes geben. Es ist dein persönlicher Entwicklungsweg.

Schmerzen

Da gibt es die spürbaren Schmerzen. Sie bringen uns am ehesten in die Bewegung, etwas zu verändern, zu tun, was wir schon viel früher vielleicht hätten tun sollen. Der Körper spricht eben nur so mit uns. Wir haben es verlernt oder besser gesagt gar nicht erst gelernt auf unsere Körpersprache zu hören oder zu achten. Der Schmerz kann anzeigen, das etwas in unserem körperlichen oder psychischen System nicht in Ordnung ist, wir irgendwo in Disharmonie, in Anspannung gerutscht sind. Das spüren der Schmerzen bringt uns dazu, Entscheidungen, Lösungen und Hilfen in Anspruch zu nehmen, um wieder in Harmonie, in die Entspannung zu gelangen.

Heilversprechen

Wenn du keinen Titel als Arzt oder Heilpraktiker hast, ist es dir nicht gestattet irgendwelche Heilversprechen dem Menschen gegenüber zu machen. Das ist wichtig zu wissen, da die Methode des energetischen Heilens keinen Ersatz für die Ausübung eines Arztes darstellt Dazu gibt es ein Urteil vom Bundesverfassungsgericht (AZ:1BvR784/03).
Als Energiearbeiter oder Lichtarbeiter, wie ich es gerne bezeichne, stellen wir keine Diagnosen, da auch diese, den Ärzten und Heilpraktikern vorbehalten sind.

Aus dem Gleichgewicht geratene Menschen mit entsprechenden Symptomen und Krankheiten bekommt von uns Licht- und Energiearbeitern nur eine Unterstützung oder Hilfe zur Selbsthilfe an die Hand. Jeder hat das Recht eigenverantwortlich für oder gegen seine Gesundheit sich einzusetzen. Es ist oft ratsam, einen evtl. vorhandenen Krankheitsvorteil eines erkrankten Menschen herauszuarbeiten und diesen objektiv zu betrachten und anzugehen, mit dem Ziel diesen Vorteil zu ändern. Und ich kann aus Erfahrung sagen, die meisten Menschen, die unbewusst an ihrer Krankheit oder Symptomen festhalten, haben einen für sie geltenden unbewussten Vorteil. Und, man bedenke, einen Vorteil gibt der Mensch nicht so gerne ab, da er einem ja was bringt, aber was?

Na, neugierig? Dann die Taschenlampe anknipsen und den Vorteil finden, viel Spaß dabei. Betrifft es dich selbst, ist es ratsam und hilfreich, professionelle Hilfe zur Unterstützung in Anspruch zu nehmen und mit Hilfe einer objektiven Reflektion die eigenen weiterführenden Erkenntnisse zu verstehen.

Kanal

Erlernt jemand die KAHI-SI & Herz-Heil-Energie Methode, ist er ein Kanal, der die Herz-Heil-Energie genauso empfängt, wie auch der Empfänger selbst. Das gilt auch, wenn man als KAHI-SI & Herz-Heil-Energie Lehrer in die Herz-Heil-Energie jemanden einweiht. Daher ist es sehr hilfreich zu wissen, dass jemand als Kanal diese Energien ohne Erwartungshaltung nur empfängt.

Rituale & Dogmen

Wer schon andere Methoden vielleicht kennengelernt hat, kennt Sätze wie diese bestimmt: „Wenn du das so machst, dann musst du…. das so tun, so denken, genauso ausführen, das benutzen, dieses einsetzen" usw. Wir haben ja schon weiter vorne gelesen, dass auch wir mit der Energie- und Zeit- Wissensveränderung gehen sollten. Hinterfrage dich selbst, ob du diese Dinge vielleicht noch als eine Stütze brauchst oder es als eine Art Ermächtigung benutzt, egal ob es symbolisch, illusorisch oder psychisch ist, eins ist es nicht, Authentisch. Bist du dir sicher, dass dir diese Dinge helfen?

Frage dich, ob die Geistige Welt diese Dinge auch benutzt, oder ob es denen nur um die Energie geht. Finde bitte deine eigene Antwort, deine eigene Wahrheit darauf. Ich werde dir nicht vorschreiben, was du für etwas brauchst oder zusätzlich anwenden solltest. Es liegt in deiner eigenen Einstellung und Wissenswahrheit. Du wirst eben solange mit abgelegten Schmuck innerhalb von Anwendungen arbeiten, oder Hilfsmitteln, wie z.B. Kristallen, Statuen, Gebeten, Glücksbringern Formeln und ähnliches benutzen, wie es sich für dich gut anfühlt. Ich habe das eine oder andere auch eine Zeitlang gebraucht. Jetzt ist meine Erfahrung eine andere. Ich tue es einfach ohne Schnörkelei. Ich Räuchere gerne meinen Praxisraum aus, aber nicht, weil ich es muss oder soll, sondern, weil ich es gerne Wohlriechend habe in meinen Räumen. Räucherdüfte, werden eben auch das tun, was sie tun. Ich fühle mich wohl dabei, das reicht mir aus.

Kleidung innerhalb einer Anwendung

Als erstes möchte ich betonen, dass die KAHI-SI & Herz-Heil-Energie eine Methode ist, wo der Empfänger in seiner Vollständigkeit angezogen bleibt. Ihr lacht vielleicht, denkt, das ist doch selbstverständlich. Ich kann euch aus eigener Erfahrung berichten, dass es immer noch Menschen gibt, die mit Energie-Methoden noch nie vorher etwas zu tun gehabt haben und diese dann mit einer Massage vergleichen und sich dementsprechend verhalten und ihre Kleidung ablegen wollen. Es ist ratsam immer vorher den Ablauf zu erläutern, damit dann so Missverständnisse gar nicht erst auftreten. Lockere, angenehme Kleidung ist immer von Vorteil, damit nichts zwickt und zwackt oder einengt.

Termin mit Begleitung

Wird ein Termin vereinbart sollte jeder Erwachsene eigenverantwortlich und selbständig sich dem Prozess hingeben. Ist eine
Person als Begleitung dabei, finde die Gründe heraus, um ggf.
die Begleitperson spazieren zu schicken für die KAHI-SI &
Herz-Heil-Energie Anwendungszeit. Begleitperson haben evtl.
auch eine gewisse Erwartungshaltung, die sie mitbringen und
sind gespannt auf irgendwelche Reaktionen oder Erkenntnisse
die sich durch die KAHI-SI & Herz-Heil-Energie Anwendung
vielleicht zeigen. Das kann den ganzen Prozess für den Empfänger und den Geber ziemlich ablenken.

Die Begleitperson bringen manchmal schon eine gewisse Nervo-
sität mit, die sich dann im Empfänger wiederspiegeln kann, wie
z.B. Hände aneinander reiben oder irgendwelche Murmelgeräu-
sche, die eh keiner versteht, von sich gibt, Ausdruck von Ver-
zweiflung und vermehrtes schwitzen. Wie soll sich der Empfänger in aller Ruhe bei einer KAHI-SI & Herz-Heil-Energie Anwendung entspannen, wenn er weiß, dass da jemand nebenan
sitzt und ebenso aufgeregt ist, wie er selbst. Die Folge davon ist
meist, dass der Empfänger nur wenige Reaktionen durch die
KAHI-SI & Herz-Heil-Energie Anwendung zeigt. Wenn es sich
nicht ändern lässt, das die Begleitperson irgendwo hinkann,
dann sollte sie sich ebenso versuchen zu entspannen, sich mit einem Buch oder einer Zeitschrift vergnügen.

Anders sieht es natürlich aus, wenn minderjährige Kinder die
Empfänger der KAHI-SI & Herz-Heil-Energie sind. Hier ist es
gut und ratsam, dass ein vertrauter Erziehungsberechtigter in der
unmittelbaren Nähe ist. Das beruhig das Kind und lässt es besser

entspannen. Werden bei minderjährigen Kindern mehrere An-
wendungstermine vereinbart, kann das Vertrauen zu dem Kind
immer besser aufgebaut werden.

Wann ist die KAHI-SI & Herz-Heil-Energie nicht anwendbar?

Wir gehen erst einmal davon aus, dass jeder Empfänger eigenverantwortlich und mit seinen persönlichen Anliegen zu einem
KAHI-SI & Herz-Heil-Energie Anwendungstermin kommt. Als
KAHI-SI & Herz-Heil-Energie Anwender solltest du immer
achtsam sein, wenn der Empfänger akute Erkrankungen erwähnt, Virusinfektionen mit sich herumschleppt, offene Wun-
den hat oder entzündlichen Prozessen ausgesetzt ist. Viren weiterzutragen und andere anzustecken ist nicht wirklich eigenverantwortlich. Es ist dann ratsam, einen erneuten Termin zu ver-
einbaren, wenn der Empfänger wieder gesund und fit ist. Der
Empfänger sollte auch in einer guten psychischen Verfassung
sein, um sich eine KAHI-SI & Herz-Heil-Energie Anwendung
geben zu lassen. Ist der Empfänger sich nicht sicher, sollte er es
mit seinem Arzt des Vertrauens besprechen.

Anwendungs-Zeitrahmen

Es ist im Vorfeld nicht kalkulierbar, wie viele Anwendungen jemand braucht, um das gewünschte Ziel zu erreichen. Jeder Empfänger reagiert anders und individuell auf die KAHI-SI & Herz-Heil-Energie Methode. Vielleicht gibt es eine sofortige Reaktion, eine Reaktion, die erst viel später eintritt oder es gibt gar keine Reaktion auf die Methode. Ales ist möglich. Auch wie lange eine KAHI-SI & Herz-Heil-Energie Anwendung dauert ist nicht immer vorhersagbar, da ja intuitiv am Empfänger gearbeitet wird. Die KAHI-SI & Herz-Heil-Energie Anwendung kann in einem Zeitraum von 10 – 45 Minuten stattfinden. Davon abhängig sind eben auch die äußeren Faktoren, ob eine Anwendung im Liegen, sitzen oder stehen durchgeführt wird. Auch zu viele Anwendungen bringen nichts.

Es ist sinnvoll erst einmal mit drei Anwendungen anzufangen und dann gemeinsam zu reflektieren, was diese ersten drei KAHI-SI & Herz-Heil-Energie Anwendungen vielleicht schon ausgelöst haben. Wenn es dem Empfänger guttut, dann können weitere Termine vereinbart werden. In regelmäßigen Abständen sollte immer wieder gemeinsam über die KAHI-SI & Herz-Heil-Energie Anwendungen reflektiert werden. Kommt es zu einem Punkt, wo nichts vom Empfänger gefühlt wird, nichts mehr passiert oder vorwärtsgeht, sind es vielleicht genug KAHI-SI & Herz-Heil-Energie Anwendungen gewesen. Solch ein Heilungsprozess dauert seine Zeit, es ist wie eine kleine Reise zu sich selbst und hat keinen Endpunkt, da ein Prozess solange läuft, wie er eben läuft. Vielleicht ist eine Anwendungspause ratsam um in sich selbst hineinhorchen zu können, was noch geschieht.

Ein Empfänger wird spüren, was ihm guttut und was nicht, ob es ihm etwas bringt oder eben nicht. Das gilt es zu respektieren.

KAHI-SI & Herz-Heil-Energie Anwender Tipps

Als Anwender der KAHI-SI & Herz-Heil-Energie ist es ratsam, sich entspannt und wohl zu fühlen. Das unterstützt die eigene geistige Lebenseinstellung und fördert die Entspannung in sich zu ruhen und von Tun ins Sein zu kommen. Eine ruhige, angenehme Umgebung ist für alle Anwesenden förderlich. Die eigene ruhige, positive Ausstrahlung kann schon den Empfänger entspannen. Die Achtsamkeit und zarte Berührung innerhalb der KAHI-SI & Herz-Heil-Energie Anwendung ist eine gute Vertrauensbasis. Hast du Selbstvertrauen in dich und deine Arbeit, den fließenden, magischen Handbewegungen innerhalb der KAHI-SI & Herz-Heil-Energie Anwendung, wo Informationen, Energie und Gefühl transportiert werden und eine wichtige Rolle spielen für die Entspannung und Ruhe, kann es nur zum Wohle aller Beteiligten von Vorteil sein. Es wird mit der empfangenen Herz-Heil-Energie, die immer in Bewegung ist und bleibt, um die Heilungsprozesse im Empfänger anzuregen, gearbeitet.

KAHI-SI & Herz-Hei-Energie Empfänger

Der Empfänger von der KAHI-SI & Herz-Heil-Energie erwartet eine 30-60-minütige Anwendung. Hier ist es so, dass Anwendungen solange dauern, wie intuitiv mit ihnen gearbeitet wird, weil sie individuell und sehr intuitiv durchgeführt werden. Kann der KAHI-SI & Herz-Heil-Energie Anwender gut auf seine intuitiven Impulse hören, wird dementsprechend die Anwendung verlaufen. Jeder KAHI-SI & Herz-Heil-Energie Empfänger sollte wissen, dass jede KAHI-SI & Herz-Heil-Energie Anwendung immer nachwirkt. Der Empfänger entscheidet eigenverantwortlich, wie viele Anwendungen er mit der KAHI-SI & Herz-Heil-Energie Methode möchte. Manche brauchen nur eine einzige und andere eben mehr KAHI-SI & Herz-Heil-Energie Anwendungen. Es ist immer wichtig zu wissen, dass die KAHI-SI & Herz-Heil-Energie Methode keine Therapie ersetzt. Es kann immer eine Unterstützung zu anderen Therapien sein. Daher ist es auch ratsam das der Empfänger dies mit seinem Arzt bespricht.

KAHI-SI & Herz-Heil-Energie Anwendung & Medikamente

Nimmt jemand Medikamente ein und erhofft sich durch die KAHI-SI & Herz-Heil-Energie Methode endlich davon loszukommen, da er eine sehr große Hoffnung und Erwartung in die KAHI-SI &Herz-Heil-Energie Methode hat, dass er wieder völlig gesundwird, dabei sei Vorsicht geboten. Als Energie-und Lichtarbeiter, sind wir dazu verpflichtet, diese Personen zum Arzt zu schicken. Der Arzt hat es verschrieben und kann darüber entscheiden, aber wir dürfen das als Energie- und Lichtarbeiter nicht entscheiden. Als KAHI-SI & Herz-Heil-Energie Anwender kommst du in Teufels Küche und da willst du bestimmt nicht kochen und schmoren lernen. Es ist keinem damit gedient, die Konsequenzen außer Acht zu lassen.

Mit der KAHI-SI & Herz-Heil-Energie Methode am Ball bleiben

Auch hier sprechen Erfahrungen aus anderen Energie Methoden wieder für sich, dass es ratsam ist, bei Bedarf und Interesse der KAHI-SI & Herz-Heil-Energie Anwender auch eine Gruppe zu bilden, die sich vielleicht regelmäßig trifft, zum Erfahrungsaustausch. Auch wird das regelmäßige Anwenden der KAHI-SI & Herz-Heil-Energie unter Gleichgesinnten, zum Erfahrungen sammeln sehr förderlich, für jeden einzelnen, sein. So wird jeder in den Genuss kommen, öfter selbst eine Anwendung zu bekommen und diese genießen können. Eine KAHI-SI & Herz-Heil-Energie Gruppe kann selbst viel erfahren und erreichen, weil auch das Erlernte öfter umgesetzt werden kann.

KAHI-SI & Herz-Heil-Energie und das liebe Geld

Na klar, wieder eine Energie-Methode, wo jemand Geld damit machen möchte, als ob es nicht schon genug davon gibt. Oder: „Das ist doch eine Gottesgabe, dafür nimmt man kein Geld, das ist ein Geschenk zum weiterverschenken". Jeder hat seine eigene Einstellung und persönliche Meinung dazu. Das darf auch so sein. Wenn jemand dieses so macht, ist das eben das, was derjenige gerade leben möchte. Ich höre dies auch ab und zu von Menschen und ich erwidere dann immer folgendes, jeder Mensch hat eine Gabe, ein Talent oder Fähigkeit und ich werde wohl morgen zum Bäcker gehen und ihm sagen, es ist eine Gabe, ein tolles Talent, das er die Brötchen so backt und sie auch noch schmecken, ist etwas Göttliches, dafür nimmt man kein Geld, also danke für die Brötchen, und ich werde aus dem Laden spazieren ohne die Ware zu bezahlen. Was würde passieren?

Der Bäcker muss Strom bezahlen, seine Angestellten, seine Ladenmiete usw. Muss ich das nicht?

Ich kann hier natürlich nur für mich selber sprechen und eins ist sicher, ich darf auch alles, was ich zum Leben brauche bezahlen. Da dieser Beruf, meine Berufung ist, darf sie mich ebenso ernähren, wie alle anderen Menschen auch, die von ihrem Beruf leben müssen und es für selbstverständlich halten. So werde ich mich für meine Selbständigkeit, meine Arbeit, meine Zeit, die ich zur Verfügung stelle, mein Wissen, was ich mit anderen teile, mir auch wertschätzend bezahlen lassen. Ich stehe zu meinem Wert, weil ich es mir Selbst-Wert bin!

Sehen wir die Sache mal aus der Sicht des Geldes

„Ich als Geld besitze keinen Wert. Mein Wert wird mir durch den Menschen verliehen und ist dadurch gekennzeichnet, was die Druckerei mir als Zahl aufdruckt. Ich als Geld stehe für den materialisierten Selbst-Wert des Menschen. Steigt der Selbst-Wert einer Person, steigt auch meistens der Kontostand der Person an. Schaut euch an, was Millionäre meist für einen Selbstwert zeigen und leben. Stelle dir vor, ich als Geld habe unsichtbare Ohren und kann hören was du sagst oder über Geld denkst. Millionäre denken über mich als Geld meist sehr positiv, sie denken groß und in Mengen, so fühle ich mich von diesen Menschen auch angezogen mit all meinen Brüdern-und Schwesterscheinen. So vermehren wir uns auf Konten gerne, wo auch schon viel ist, wo gut über uns geredet wird und wo man weiß, was man mit uns Scheinchen alles anstellen will. Diese Menschen, die uns liebhaben und uns so viel Wert beimessen, steigern unbewusst ebenso ihren eigenen Selbst-Wert. Es ist wie eine magische Anziehung, die sehr gut funktioniert. Begegnen wir als Geld Menschen, die eher negativ uns gegenüber eingestellt sind, weil sie schlechte Erfahrungen mit uns gemacht haben oder weil man ihnen vielleicht beigebracht hat, würden sie zu viel von uns haben, würde es ihren Charakter verderben. Wie sollten wir das machen, wir sind doch nur bedrucktes Baumwollpapier. Wir sagen euch, ändert eure Denkweise und eure Gefühle zu uns, dann haben wir auch wieder Lust zu euch zu kommen. Schätzt uns und ihr als Mensch werdet euch selbst schätzen lernen. Denkt und sprecht positiv mit und über uns. Wir als Geld wollen wissen, warum wir zu euch Menschen kommen sollen. Wir wollen wissen, was ihr mit uns allen machen

möchtet, wofür ihr uns ausgeben wollt und nutzen wollt. Wir brauchen eine Aufgabe und wollen nicht irgendwo Monate oder Jahrelang in einer Ecke gesammelt werden ohne Sinn. Noch schlimmer, als Not-Groschen, für schlechte Zeiten, darauf warten, um dann erst ausgegeben zu werden. Das ist nicht wertschätzend für uns als Geld. Wer uns als Geld für Krisenzeiten aufhebt, gibt uns nur unschöne Gefühle. Wer auf eine Krise wartet, wird auch eine bekommen. Da kommen aber keine Geldbrüder und Schwestern mehr vorbei. Überdenke deine Glaubensmuster, die Großeltern-Erfahrungen aus den früheren Generationen, die es erlebt haben, die in euch noch wirken können. Dann stehst du unbewusst immer noch auf Kriegsfuß mit dem Geld. Macht Frieden mit euch, arbeitet an eurem eigenen Selbst-Wert, dann werden auch wir wieder in euer Leben kommen können. Wir wollen Freude und Spaß in unserem Schein-Leben oder Hart-Geld-Zeiten. Wir wollen Gutes, angenehmes, nützliches, wohlwollendes machen. Das Leben kann mit uns schön sein, wenn ihr als Mensch es ebenso sehen würdet. Habe Geduld auf diesem Prozessweg mit euch selbst. Du wirst spüren, wenn wir mehr und mehr in eurer Geldbörse oder auf eurem Konto werden".

Was mir geholfen hat, an der Einstellung zu Geld weiter zu arbeiten ist folgendes. Ich weiß gar nicht mehr von wem ich das Wissen habe, aber durch das jahrelange praktizieren kann ich sagen, dass es funktioniert.

Hat sich jemand da draußen schon mal die Geldscheine, die Euros, angeschaut. Nein, dann holt eure Geldbörse heraus, legt alle

Scheine vor euch hin, habt ihr keine großen Scheine, dann googelt sie als Bilder. Jeder Schein hat auf der einen Seite immer eine Brücke und auf der anderen Seite ist entweder ein Tor oder ein Fenster. Vielleicht hast du als Kind schon öfter gehört, dass du dein Taschengeld nicht für irgendeinen Müll aus dem Fenster schmeißen sollst. Je öfter wir es hörten, umso fester hat es sich unbewusst in uns eingeprägt und tut heute alles Übrige dafür, es weiterhin aus dem Fenster zu werfen, für irgendeinen Mist, den wir gerade haben wollen, egal ob wir ihn brauchen oder nicht, kaufen.

Nun zur anderen Seite, den Brückenbildern. Die Assoziation zu einer Brücke ist, dass man darauf immer in beide Richtungen gehen kann, hin und her, vor und zurück. Man verabredet sich auf einer Brücke, trifft sich dort o.ä. Stelle dir vor, du stehst an einer Kasse und zückst deine Geldbörse, um deinen Einkauf zu bezahlen, und du die Geldscheine so an die Kassiererin gibst, dass das Brückenbild nach oben gerichtet ist. So vermittelst du dir selbst, dass die Geld-Scheine, auch den Weg schnell wieder zu dir zurückfinden, mit all seinen Brüdern und Schwestern. Alleine die immerwährende Vorstellung reicht deinem Gehirn schon aus, das du irgendwann wahrnimmst, dass es dir Freude macht, und du feststellst, dass du leichter und schneller an Geld kommst, und da gibt es viele Möglichkeiten, die das Geld hat, um sich auf den Weg zu dir zu machen. Aber deine Freude steckt das Geld eben an und kommt dann gerne zu dir. Du gehst auch nicht gerne jemanden besuchen, der ein Dauernörgler ist und immer schlechte Laune hat. Da siehst du auch zu, dass du schnell wieder dich auf den Weg machst und wegkommst. So geht es dem Geld auch.

KAHI-SI & Herz-Heil-Energie Lernen - Anwenden - Lehren

Mit viel Übung und Zeit, wirst du lernen, dass jeder Mensch sich auf seinem persönlichen Weg befindet und den eigenen Entwicklungsprozess immer wieder neu definiert. Wenn du vielleicht schon ein KAHI-SI & Herz-Heil-Energie Anwender bist und du Erfahrungen mit dieser Methode sammeln konntest, wirst du dich vielleicht weiter entwickeln wollen, evtl. dann auch als KAHI-SI & Herz-Heil-Energie Lehrer dich auf dem Weg begeben.

Als KAHI-SI & Herz-Heil-Energie Lehrer lehrst du Seminar-Teilnehmer. Diese Seminar-Teilnehmer nehmen wörtlich genommen Teile aus dem, was du vermittels mit nachhause (Teil-Nehmer). Du kannst als KAHI-SI & Herz-Heil-Energie Lehrer deine eigene Wahrheit und dein Wissen vermitteln, damit die Seminar-Teilnehmer die Möglichkeit bekommen sie zu erlernen und sie zu nutzen wissen. Ist es dann noch ein schöner, wohltuender Ort, lässt sich das Wissen noch leichter vermitteln und aufnehmen. Denn Energiearbeit ist überall möglich. Auch für einzelne Teilnehmer in einem Seminar, kann das Eintauchen in die Energie, das Thema mit den dazugehörigen Informationen sehr tiefgreifend sein. Es ist ratsam, dem Seminar-Teilnehmer zu vermitteln, sich diesen Prozess einfach hinzugeben.

Gedanken, gesprochene Worte und Handlungen basieren alle auf energetische Schwingungen, die wahrzunehmen möglich sind. Das ist vielen noch unbewusst, wenn wir daran denken, was Worte mit einem Menschen machen können. Lesen wir ein

Buch, können wir mitfühlen, mit allen Emotionen, die uns zur Verfügung stehen. Hören wir Lieder mit fremden Texten, die wir nicht verstehen, transportieren die Klänge und der Text etwas, was in uns ebenso Emotionen auslösen kann. Erheben wir eine Stimme, transportieren wir ebenso etwas, als wenn wir ruhig und leise sprechen würden. Es ist eine Art verschlüsselte Kommunikation mit eigenen Schwingungsfrequenzen, und nicht so einfach zu erklären, aber zu fühlen.

So ist es ratsam, bei einer KAHI-SI & Herz-Heil-Energie Anwendung den Empfänger auch mit Hilfe deiner Sprache schon Ängste zu nehmen und Vertrauen zu schenken. Das fördert die Entspannung des Empfängers sehr. Der Empfänger liegt bei einer Anwendung zuerst in der Rückenlage, völlig angezogen und bedeckt mit einer dünnen Decke, Kissen im Nacken und gegeben falls unter den Knien und geschlossenen Augen. Der Raum sollte so sein, das jeder sich wohlfühlt und gut entspannen kann. Du kannst die KAHI-SI & Herz-Heil-Energie beim Empfänger nach Gefühl von beiden Seiten, d.h. die Vorderseite und Rückseite, durchführen, vom Kopf bis zu den Füßen. Wird die KAHI-SI & Herz-Heil-Energie Anwendung auch auf der Rückseite, entlang des Rückens vom Empfänger, durchgeführt, ist es hilfreich zu wissen, dass die Wirbelsäule nicht nur eine tragende Rolle im Leben spielt. Die Wirbelsäule kommuniziert mit dem zentralen Nervensystem und daher ist es ratsam, das auch energetisch zu unterstützen, innerhalb der KAHI-SI & Herz-Heil-Energie Anwendung. Das lässt auch die Wirbelsäule entspannen und die Nerven werden in ihrer Aktivität unterstütz. Sind die Nerven gut versorgt, können die (Heil)-Informationen generell gut durch den Körper eines Empfängers fließen. Hast du noch andere Energiemethoden erlernt, kannst du als Anwender sie auch mit einfließen lassen. Entspannungsmusik als Untermalung kann beim Entspannen des Empfängers sehr hilfreich sein. Ansonsten gilt, fange da an, wo es dich hinzieht und gleite mit fließenden und magischen Bewegungen solange über den Körper des Empfängers, wie es sich für dich gut anfühlt.

KAHI-SI & Herz-Heil-Energie Selbst-Anwendung

Natürlich ist es möglich, sich selbst mit der KAHI-SI & Herz-Heil-Energie Methode in entspannter Atmosphäre selbst zu verwöhnen, indem du, wenn du darin eingeweiht bist, einfach versuchst, eine Hand auf eine Körperstelle, vielleicht dein Bauch, dein Herz oder Solarplexus, zu legen, dich entspannst, in Kontakt mit der Geistigen Welt gehst und gleichzeitig einen Lichtkanal aufbaust und die Herz-Heil-Energie empfängst und sie machen lässt, was sie machen will. Mit deiner anderen Hand, kannst du in langsamen, fließenden Bewegungen, innerhalb deines vorderen Energiekörpers aktiv werden. Bleibe die ganze Zeit über in deinem entspannten Zustand und lasse alles einfach geschehen. Aber Achtung, es ist nicht vergleichbar, als wenn jemand sich von einem KAHI-SI & Herz-Heil-Energie Anwender verwöhnen lässt, dich vertrauensvoll in deren Hände begibst und es einfach genießen kannst.

Symptomübernahme

Jeder Heiler, Energie- und Lichtarbeiter, spiritueller Coach, welchen Titel auch immer jeder trägt, fragt sich irgendwann, ob Krankheitssymptome jeglicher Art von einem Empfänger nach einer KAHI-SI & Herz-Heil-Energie Anwendung übernommen werden können. Vielleicht löst es bei einigen Anwendern Angst aus, andere haben Respekt davor, was geschehen kann, wiederum andere Anwender machen sich darüber gar keine Gedanken. Aber auch hier kann ich nur sagen, dass es erst einmal gar keinen Grund gibt überhaupt irgendetwas von einem Empfänger zu übernehmen. Es gibt Menschen die übernehmen nach einer Energie-Anwendung etwas von einem Empfänger, um zu zeigen, zu beweisen, dass etwas funktioniert. In Wirklichkeit ist es das eine EGO-Beruhigung, die befriedigt oder aufputscht. Ist das nötig? Es reicht aus, der Energie zu trauen, dass alles zum Wohle geschieht.

Gibt es doch einmal Symptome, die du als Anwender unbewusst übernimmst und sich etwas länger halten, kann es hilfreich sein, diese näher zu betrachten, ob es nicht mit einem selber zu tun haben könnte. Hat man ein ähnliches Thema, wird es genauso an getriggert. So kommt etwas an die Oberfläche, was gesehen und bearbeitet werden will.

Dein Herz, das Tor zu deinen Gefühlen

Das Herz spielt eine wichtige Rolle in der KAHI-SI & Herz-Heil-Energie Methode. Wie viel Beachtung schenkst du deinem Herzen tagtäglich? Ein Muskel, der weiß was er tun darf, um dich am Leben zu halten. Das Herz schlägt, schlägt und schlägt, wie ein Lebens-Motor. Kannst du dein Herz spüren?
Ja spüre genau hin, jetzt in diesem Moment, nimm dir die Zeit und spüre, was du wahrnimmst.
Spürst du es überhaupt?
Würdest du erkennen, wenn deinem Herzen etwas fehlen würde?

Meist wenden wir uns unserem Herzen erst zu, wenn z.B. das Herz schmerzt, es stolpert, sticht oder brennt. Das Herz sollte eine Lebensfreudequelle sein, es ist ein Organ, was spüren kann. Ein wichtiges Zentrum, dem man selten nahekommt

Innerhalb der Herz-Heil-Energie Einweihung spielt das Herz eine wichtige Rolle. Es ist ein wichtiges Energiezentrum im Körper, es wird auch Herz Chakra genannt. Innerhalb der Herz-Heil-Energie Einweihung wird das Herz Chakra aktiviert und die Herzensenergie kann frei und ungehindert fließen. Es kann sich anfühlen, als wenn sich der komplette Brustkorb öffnet oder weitet. Das atmen kann einem hinterher leichter fallen und die Herzensenergie kann sehr emotionale langangestaute Emotionen freisetzen und diese an die Oberfläche bringen, damit der Reinigungsprozess in Verbindung mit dem Einweihungsprozess in Gang gesetzt wird. Dieser emotionale Prozess kann einige Zeit in Anspruch nehmen.
Ich will hier nicht medizinisch-anatomisch etwas erklären, was Ärzte viel besser könnten als ich. Ich weiß, dass mein Herz mehr

kann, als nur zu schlagen und mich am Leben zu erhalten und alles Wichtige in meinem Körper zu versorgen. Mein Herz kann fühlen und lässt es mich spüren. Da springt schon mal das Herz vor Freude, schmerzt bei Liebeskummer, überschlägt sich fast vor Angst usw.

Was wäre, wenn das Herz seine eigene Welt hat, die es noch zu entdecken gilt, wenn wir uns auf die eigene Herzebene begeben würden, in die eigene Herzens-Welt. Das Herz kann so einiges abspeichern, dazu zählen positive, wie auch negative Erfahrungen die wir im Leben machen. Würden wir lernen unser Herz zu schätzen und es ebenso lieben, wie wir in unserer Welt da draußen Dinge und Menschen lieben, lernen wir vielleicht auch uns ebenso selbst zu lieben, das Herz steht auf unserer Seite und schlägt auch aus Liebe zu uns und das bedingungslos. Die Selbstliebe ist ein wichtiger Aspekt uns so wie wir sind zu sehen, zu akzeptieren und uns zu lieben, was uns ausmacht, in diesem Leben hier. Öffnest du das Tor zu deinem Herzen, kommst du dir sehr nahe und kannst deinem Herzen dankbar sein, für alles, was es für dich tut.

Tor der Erinnerungen und die Verbindung zum alten Wissen

Es gibt da ein sogenanntes „Verbindungstor", mit Sitz an der Halswirbelsäule, an der Stelle, wo die Medulla Oblongata sich befindet. Es ergibt sich die Frage, wozu die Medulla Oblongata bei Einweihungen eine Rolle spielen. Aus psychosomatischer Bedeutung ist es eine sehr empfindliche Stelle. Hier geht es unteranderem um die Verbindung zum Gehirn, dem zentralen Nervensystem, zur Hypophyse, zur Zirbeldrüse, der Epiphyse und der Aktivierung des dritten Auges, dem seelischen Bereich, dem empfangen von geistigen Informationen und die Verbindung zum Kristallkörper, wo auf der körperlichen Ebene die Energiebahnen geöffnet und neu strukturiert werden. Hier werden die Selbstheilungskräfte angeregt, Energien ausgeglichen, die vorhandenen bewussten und unbewussten Sinne aktiviert. Die Einweihung unterstützt an dieser Stelle, die Übertragung von Schwingungsinformationen. Diese Schwingungen und Frequenzen nimmt jeder Empfänger innerhalb der Herz-Heil-Energie Einweihung unterschiedlich wahr.

Auch, wenn jemand keine Einweihung hat jedoch spirituell auf seinem Weg ist, arbeitet dieses Verbindungstor. Das macht sich generell unterschiedlich bemerkbar. Daher können auf einmal an der Stelle, wo die Medulla Oblongata ihren Sitz hat, Schmerzen auftauchen, ähnlich wie Kopfschmerzen oder Nackenschmerzen. Was kann das nun bedeuten? Es arbeite sich etwas durch, was eben schmerzhaft sein kann, altes oder neues spirituelles Wissen will hindurchfließen, um sich bereitzustellen es zu nutzen. Es kommt nicht immer in Worten oder Gedanken, es kommt energetisch hinein und will erfühlt werden. Es erweckt sich mit der

Zeit, wenn die Aufmerksamkeit darauf gerichtet ist, werden sich vielleicht auch Bilder zeigen. All dies gilt es, ist wie ein Puzzle zusammenzufügen.

Jetzt wird die Frage auftauchen, wenn das den Schädel energetisch etwas öffnet, wie man selbst das Verbindungstor beim Öffnen, von außen und mental, unterstützen kann. Hierfür reicht schon die visuelle mentale Vorstellung aus, das sich an dieser Stelle im Nacken, ein Verbindungstor befindet und dieses Tor einfach aufmachen kann, als wenn sich Türen oder Tore öffnen würden. Vertraue dem Vorgang und spüre wie der Schmerz oder Druck nachlässt. Lässt er nicht nach, wird er sogar schlimmer, bitte immer daran denken es bei Bedarf auch medizinisch abklären zu lassen. Du wirst es spüren, wann du mit deiner Visualisierung aufhören kannst. Dann fließt altes, neues Wissen erst einmal hinein.

Nun wissen wir ja, dass unser Kopf eine Verbindung mit der Wirbelsäule hat. Durch die darin verlaufenden Nerven bis hinunter zum Steißbein, ist es auch als das verlängerte Gehirn zu betrachten. Vieles drückt sich dadurch auch in der Wirbelsäule aus. Auch hier gibt es eine geistige und energetische Verbindung, die Auswirkungen auf das Gehirn haben können. Die Wirbelsäule verbindet uns nach oben mit der geistigen Energie und nach unten mit der Erdenergie. Wir bestehen aus einem sichtbaren physischen und unsichtbaren energetischen Körpern, das gilt natürlich auch für die Wirbelsäule. Wir besitzen auch eine energetisch, geistige Wirbelsäule. Genau diese Wirbelsäule ist unsere sogenannte Blaupause, wo die geistige Wirbelsäule vollkommen in ihrem Bauplan ist. Auf der körperliche Ebene der Wirbelsäule spüren wir unteranderem Schmerzen, Macken und Defizite.

Auf der energetischen Ebene, in der geistigen Wirbelsäule ist alles im perfekten Ur-Zustand. In genau diesen Zustand kann man die Wirbelsäule auch wieder hinbringen, indem wir beide Wirbelsäulen, die physische und die geistige, wieder verbinden.

Verbindung der körperlichen & geistigen Wirbelsäule

Um die Verbindung der physischen und geistigen Wirbelsäule zu vollziehen, gibt es verschiedene Möglichkeiten und Techniken. Ich habe folgende gelernt, dass schon die Vorstellung der geistigen Wirbelsäule hinter der körperlichen, physischen Wirbelsäule ausreicht, um den Zustand, der Vollkommenen Wirbelsäule wahrzunehmen, als eine Energie Wirbelsäule. Die energetische Wirbelsäule sollte sich mit der physischen Wirbelsäule verbinden, zu einer Wirbelsäule werden, da in dieser alle Informationen enthalten sind.

Die Technik zur Aktivierung der Wirbelsäule wird als „Geistige und energetische Aufrichtung" bezeichnet. Lasse dir dabei einfach in deiner Vorstellung aus der geistigen Welt Licht, durch den von dir mental vorgestellten Lichtkanal, einfließen und durch die physische und energetische Wirbelsäule hindurchfließen, zum vollkommenen Zustand.

Mit jeder Aktivierung, wird der ganze Körper durch diese „Geistig-energetische-Aufrichtung" auf allen Ebenen harmonisiert. Der Körper hat so die Möglichkeit z.B. wieder neu ausgerichtet zu werden, Blockaden können gelöst werden. Das gesamte energetische Körpersystem kann aktiviert werden. Die Erkenntnisfindung wird bewusster Wahrgenommen und gestärkt, sowie auch hier die Selbstheilungskräfte angeregt werden. Der Mensch an sich hat in der heutigen Zeit viel zu tragen, viel zu ertragen, was wiederum zu psychischen Rückenprobleme aller Art führen kann. Nun ist auch eine „Aktivierung der geistig-energetischen Aufrichtung" nicht immer eine Wunder-Methode, sie kann aber innerhalb der eigenen laufenden Prozessarbeit sehr hilfreich sein. Es löst sich im Leben eben nur das, was sich für den Moment lösen kann, darf oder eben soll. Es ist wie ein Puzzle, wo sich die Teile im Leben erst finden müssen, die zusammenpassen. Auch hier gilt, was nicht alleine zu bewältigen ist, sollte mit professioneller Unterstützung einhergehen. Innerhalb einer persönlichen Krise, die eigene Mitte zu verlieren ist ein wichtiger Bestandteil des Lebens, da es sonst nicht zu spüren ist, was als nächstes zu tun wäre, um sich wieder zurechtzurücken, sich auf den eigenen gewählten Lebensweg wieder in die Mitte zu bringen. Die „Geistig-energetische-Aufrichtung" kann das Bewusstsein erweitern und vielleicht zeigen sich die latenten, verborgenen Fähigkeiten, die jetzt an die Oberfläche möchten und gelebt werden wollen. Auch sie gehören zum persönlichen Entwicklungsprozessweg. Vielleicht lösen sich auch vorhandene Symptome, auf einmal auf. Auch hier gilt, alles ist möglich.

Spirituelle Entwicklung

Hier tummeln sich viele verschiedenen Menschen, mit ebenso verschieden vielen Charakteren und Lebens-Einstellungen. Unterm Strich wollen die meisten natürlich alle dasselbe erreichen, der Weg ist manchmal nur unterschiedlich, d.h. nicht unbedingt schlechter oder besser. Jeder findet seinen persönlichen Weg mit allen Herausforderungen und Erkenntnissen, die wie ein Magnet angezogen werden, daher lassen wir das Bewertungsfrei!

Jede Methode, jede Technik im spirituellen Bereich hat ihre Berechtigung, da jeder interessierte Mensch das anzieht, was er gerade benötigt.

Es gibt nicht das Beste, das Wirkungsvollste usw., jeder bekommt oder nimmt sich das, was gerade zur Verfügung steht, was machbar ist, was gerade stimmig für jeden einzelnen ist, wo die Aufmerksamkeit sich befindet oder die momentane Wahrheit hinsteuert.

Jeder bekommt den Lehrer / Schüler der gerade wichtig ist. Lernen tun immer beide Seiten. Das zeigt das Resonanzgesetz ganz deutlich und wir entscheiden, ob wir es zu unserem Erfahrungs-Schatz hinzufügen.

Zu jeder Zeit gibt es die Möglichkeit sich anders zu entscheiden und einen neuen Weg zu gehen.

So hat auch jeder die Wahl gar nicht an sich zu arbeiten. Dafür wird es auch bewusste oder unbewusste persönliche Gründe geben, wie z.B. ein versteckter „Krankheits-Vorteil".

Um ein Weiterkommen in der eigenen Entwicklung zu ermöglichen, ist es hilfreich sich die persönlichen Herausforderungen genauer anzuschauen, egal ob es die großen oder kleinen Steine sind, die einem vor die Füße fallen. Sich Unterstützung holen kann einiges leichter machen. Es ist hilfreich all dieses als Herausforderung zu sehen und nicht als irgendwelche Probleme, an denen wir hängenbleiben und die Probleme durch das Problemdenken größer machen, statt ins Lösungsdenken zu gehen, um Lösungen zu finden und sich Herausforderungen zu stellen. Probleme sind doch Geschenke, die jeder sich selbst macht. Also herzlichen Glückwunsch zum Geburtstag oder frohe Weihnachten, mit Geschenken zum Auspacken und spielen. Viel Spaß!

Dank & Schlusswort

Als erstes möchte ich dem Leser danken, dass du dieses Buch gelesen hast. Ich wünsche mir, das du an deiner vorhandenen persönlichen für dich stimmigen Wahrheit noch etwas dazugewonnen hast. Nimm dir das, was für dich stimmig ist und lasse das außen vor, was für dich in diesem Moment nicht passt. Das ist ok.

Ich habe nun fast 12 Monate an diesem Buch geschrieben und frage mich gerade an diesem Punkt ob es wirklich fertig ist, ob noch etwas fehlt oder ob es ok ist. Ich komme dann zur folgenden Erkenntnis, dass es jetzt erst einmal ausreicht. Ich bin sicher, die Erfahrungen die innerhalb der KAHI-SI & Herz-Heil-Energie Ausbildungen auf mich und deren Seminar Teilnehmern warten, werden das Buch mit der Zeit erweitern. Dann wird es eben überarbeitet, was soll´s.
Kommt Zeit, kommt Erkenntnis, kommt der Laptop wieder auf den Tisch und erweitertes Wissen fließt hier hinein, in dieses Buch. Ich musste es für mich jetzt tun und es so veröffentlichen, wie es hier zu lesen ist. Diese KAHI-SI & Herz-Heil-Energie Methode ist eine Möglichkeit etwas in sich zu aktivieren, sich weiter zu entwickeln.

Ich möchte meinem Mann danken, dass er Teil dieser wunderbaren Erfahrung ist, seit die Herz-Heil-Energie aktiviert wurde. Er, der mir auch hierfür immer den Rücken freigehalten hat. Eben mal nicht das Essen zu kochen, wenn er von der Arbeit kommt, sondern er sich hinstellt und was auf den Tisch zaubert, wenn ich gerade mit der Tastatur im völligen Flow bin und es einfach raus muss, was da an Worten hier hinfließen möchte. Für die wundervollen Gespräche über die gemachten Erfahrungen, in der KAHI-SI & Herz-Heil-Energie Methode.

Ich möchte auch all den Personen einen liebevollen Dank aussprechen, die sich darauf eingelassen haben, am Anfang es auszuprobieren, ohne zu wissen, was es ist, was es macht und was es kann. Dieses Vertrauen basiert auf Gegenseitigkeit und das ist sehr wertvoll für mich. So kann meine Seele spielen und lernen zugleich. Durch sie bin ich ebenso gewachsen und werde es mit ihnen gemeinsam weiter tun. Wir spielen mit dem, was uns das Universum so vor die Füße legt und schauen, was es macht und bringt. So werden wir gemeinsam weiterspielen, denn wir können nur gewinnen mit Irren Erfahrungen.

Ich möchte Sonja E. dafür danken, dass sie sich dem angenommen hat, die Rohfassung dieses Buches gründlich zu lesen, zu korrigieren, und das eine oder andere mit mir zusammen in die Endfassung zu bringen, unter der sommerlichen Hitze auf Gran Canaria. So danke ich auch M. G. und O. F. für die ruhige Idylle ihres trauten Heims, die wir für die Bearbeitung nutzen durften.

Ich wünsche dir viel Freude und ebenso viel Erfahrungs-Spaß mit der KAHI-SI & Herz-Heil-Energie-Methode, wenn du sie schon in dein Leben gelassen hast. Falls nicht, dann erfasse den Sinn für dich selbst, warum du dieses Buch hier liest und entscheide, ob es für dich etwas daraus zu gewinnen gibt, für deine Entwicklung und deinen Erfahrungs-Schatz.

Gibt es für dich offene Fragen, bin ich gerne bereit diese Fragenlücken mit Antworten zu füllen.

Dafür kontaktiere mich einfach unter imhausdeslichts@aol.com

Danke für die Zeit und Wertschätzung.

Simone Böttcher

Literaturverzeichnis

Dale, Cindi: Der Energiekörper des Menschen, Handbuch der feinstofflichen Anatomie, Lotos, 2012

Hitzler, Markus: Hawaiianisches Heilströmen, DOB Verlag, 2016

Hosak, Mark, Lübeck, Walter:

Das große Buch der Reiki-Symbole, Die spirituelle Tradition der Symbole und Mantras des Usui Systems der Natürlichen Heilung – Windpferd, 2012

Rick, Hannah: Mit dem Geld erfolgreich umgehen, Die Geheimnisse der Geldenergie, Königsfurth Urania, 2008

Mc Taggert, Lynne: Das Nullpunkt-Feld – Goldmann, 2007

Über die Autorin

Simone Böttcher

Geboren und aufgewachsen in Berlin. Schon im Grundschulalter wurde die Spirituelle Tür unbewusst, durch eine Religionslehrerin, mit dem Vorlesen eines Buches über Klinisch Tote Menschen, geöffnet. Das Interesse übersinnlicher Dinge begleitete sie immer wieder. Verheiratet und mit Kindern & Enkelkindern gesegnet, lebt und arbeitet sie in eigener Praxis südlich von Berlin, im Brandenburger Land.

Mit dem Erwachsenwerden wurde der Weg weiter geebnet durch das Arbeiten mit Menschen, bis hin zu den verschiedensten Ausbildungen, und Weiterbildungen im ganzheitlichen Bereich. So wurde die Reiki-Ausbildung, im M. Usui System, ein wichtiger Wegbereiter. Dazu kamen unter anderem die Ausbildungen zur Dipl. Entspannungspädagogin, zur Regressions-und Reinkarnationstherapeutin (Psych. Beraterin). Das Intuitive Arbeiten ist ein großer Bestandteil in den Intuitiven Aufstellungen und Seelen-Readings. So begleitet sie Menschen mit den unterschiedlichsten Methoden auf ihrem Weg. Ihr ist das eigenverantwortliche Handeln und eigene Weiterentwicklung sehr wichtig. Es gibt für sie noch viel zu entdecken, was sie gerne mit Anderen teilt. Sie bildet in den unterschiedlichsten Methoden aus und bietet Seminare dazu an.

Informationen erhalten Sie bei:

Simone Böttcher

„Im-Haus des Licht´s"

Zentrum für ganzheitliches Bewusstsein & Lebens-Wege

Wittlicher Str. 36

15806 Zossen

Homepage: www.im-hausdeslichts.de

Mail: imhausdeslichts@aol.com